発達と学習の心理学

椙山 喜代子
渡辺 千歳
［編著］

学 文 社

は し が き

　心理学の目標の一つに普遍性の追究があります。時代や地域，社会の影響を受けて個人は育ち，生活していますが，ヒトとしてだれもがもっていて変わらない道筋や機能があるはずです。そのような私たちのあたりまえのことを明らかにしようという分野が発達心理学であり，学習心理学といえるでしょう。
　本書は教職課程の教育心理学における「発達」および「学習」の領域について概説したものです。Ⅰ部では，生得性と環境の問題や成熟と学習の問題など発達の基本的問題，発達段階の区分，著名な発達理論およびヒトの諸発達の概要が乳幼児期から青年期まで丁寧に述べられています。続くⅡ部では新行動獲得の基礎的メカニズムに始まって，動機づけの問題，教室場面に直接かかわる学習指導について扱われています。児童・生徒という立場で学校という場面に臨み，教育を受ける子どもたちが，どのように成長発達し，どのような能力の基礎をもち，どのようにやる気を出して生活してきたかを知ることは，個人の理解に役立つことでしょう。
　今日の教育現場には難しい問題が山積しています。「子どもたちが変わった」とよくいわれますが，これはずっと以前から，大人たちの理解の範囲を越える行動が頻発するようになると，繰り返し使われてきた表現のように思います。世代間のギャップの大きさに目を奪われることがあるかもしれませんが，その内側にヒトとして変わらない基礎があることを忘れてはいけないのではないでしょうか。そのような他者理解の一助となるべく，教職に携わることを希望している学生ばかりでなく，家庭を築き次の世代を育てていく人々にも読んでいただけると幸いです。

さいごに，出版に際して大変お世話になった学文社の三原多津夫氏に深く御礼申し上げます。

   2000年4月

編　者

目　　次

Ⅰ部　発　達

1. 発　達 —————————————————————————— 6
    1-1　発　達　6
    1-2　発達の基本的問題　13
    1-3　社会文化的環境と発達　16
    1-4　発達の研究法　18
2. 発達段階と発達課題 ——————————————————— 20
    2-1　発達段階区分の意義　20
    2-2　発達の段階分けの諸方法　20
    2-3　発達課題　24
3. 発達の理論 ————————————————————————— 29
    3-1　フロイトの精神発達理論　29
    3-2　エリクソンの精神発達理論　30
    3-3　ピアジェの発達理論　33
4. 発達の概要 ————————————————————————— 38
    4-1　乳児期の発達の特徴　38
    4-2　幼児期の発達の特徴　47
    4-3　児童期の発達の特徴　59
    4-4　思春期・青年期の発達の特徴　71
    4-5　発達を阻害する要因　84

II部 学習

1. 強化理論 ——————————————————92
   - 1-1 レスポンデント条件づけ 93
   - 1-2 オペラント条件づけ 97
   - 1-3 動　因 104
   - 1-4 社会現象への応用 106
2. 学習における認知理論 ——————————109
   - 2-1 洞察的学習 110
   - 2-2 潜在学習 110
   - 2-3 記　憶 112
   - 2-4 社会現象への応用 122
3. 動機づけと学習意欲 ————————————127
   - 3-1 動機づけの種類 127
   - 3-2 内発的動機づけ 129
   - 3-3 無気力 131
   - 3-4 内発的動機づけに与える外的報酬の影響 134
   - 3-5 学習意欲の段階に応じたかかわり 137
4. 学習指導と教授-学習過程 —————————141
   - 4-1 教授理論 141
   - 4-2 プログラム学習 141
   - 4-3 有意味受容学習 145
   - 4-4 発見学習 147
   - 4-5 教授法と学習指導 150
   - 4-6 学習の転移 152
   - 4-7 学習の最適化 154
   - 4-8 学習指導の個別化 159
   - 4-9 集団過程 161
   - 4-10 総合的な学習の時間 165

I部

発　達

1. 発　達

1-1 発　達

(1) 発達とは

　発達とは人間の誕生から死亡までの構造や機能の変化過程と考えられる。この変化は漸進的，連続的であり，上昇する積極的変化と下降する消極的変化を含んでいる。この積極的変化は出生後（最近では受胎からとする説も多い）から青年期・成人期までにみられるものである。これは個体発生的な意味での人間の発達の見方である。この他には系統発生的な見方もあり，人間は他の動物のように本能的行動をもたず，周囲から保護されなければ生きてゆけない状態で生まれてくる。ポルトマン (Portmann, A.) はこれを**生理的早産**と呼んだ。人間は妊娠期間が長く(40週)しかも他の動物が胎生期で果たす発達を出生後果たすとされている。この未熟な状態のために人間は，どんな環境（自然・文化）にも，それらに合った適応のあり方を選択してきたのである。言語の使用，二足歩行，道具の使用などは，生後の環境への適応プロセスのなかで習得され，形成されてゆくのである。

　発達過程の変化が著しいのは，乳幼児期から児童期なので，発達心理学は児童心理学中心と考えられていた頃もあった。しかし人間の発達は生物的成長としてのみみることでは不十分である。行動様式の発達は，社会的・文化的環境の影響によることが大きいことも事実である。特定の社会の文化の規定性もまた，人間の発達にかかわっているのである。

(2) 発達にみられる特質(原理)

　発達にみられる積極的変化について，コフカ(Koffka, K.)は次のように述べている。「生活体やその器官が量において増大し，構造において精密化し，機能において有能化する。」

　この量的変化の増大は，身長や体重の変化のように，乳幼児期や青年期にみられるものがある。精密化，有能化は身体とともに発達する運動機能などに誰にもわかる状態で現れるものである。たとえば積み木を手のひら全体でしかつかめなかったのに，成長すると指先だけでつかめるようになったり，ボールを正確に目標に投げられるようになることなどがある。

　身体的発達は外部からも観察しやすいが，精神的発達も同じことがいえるのである。たとえば言語である。最初は泣くだけだった乳児が幼児期になると，簡単な日常会話が可能になるのである。

　このような発達にみられる共通の特質や傾向は多いが，主なものをあげると以下のようなものがある。これらは「発達の原理」とも呼ばれてきたものである。

　① 発達は生活体と環境との相互作用によって形成される。
　② 発達は分化と統合の過程である。
　③ 発達は連続的であり，一定の順序がみられるものである。
　④ 発達には個人差がある。
　⑤ 発達にはそれぞれの時期によって，速いものと遅いものがある。
　⑥ 発達の各側面は相互に関連しあっている。

　①の発達は生活体と環境との相互作用によって形成されるということは，発達が生活体のもつ生得的要因(遺伝)と，後天的要因(環境)の2つの要因に規定されているとの考えである。

　「遺伝か環境」か「成熟か学習」かといった二者択一的な考えがとられた時期もあったが，遺伝と環境の相互作用を唱えたシュテルン(Stern, W.)の**輻輳説**が現在は支持されている。シュテルンは「精神的発達は単なる生来の特質の顕

現でもなく，単なる外的影響の受容でもなく，内的素質と外的発達条件との相互交渉，すなわち輻輳による」と述べた。これが輻輳説である。

成熟優位の発達観にもとづく研究資料も，学習優位の考え方も，つきつめてゆくと相互の影響を認めざるをえないのである。

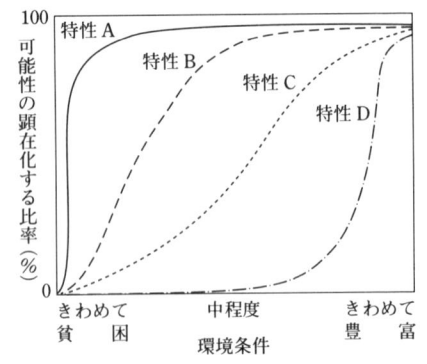

出典 Jensen, A. R. 岩井他訳 1969 I.Q. 遺伝と教育

図 I-1-1　遺伝的可能性の顕在化と質的環境条件

シュテルンの考え方から，発達の規定要因を具体的に解明しようとしたものが，ジェンセン(Jensen, A. R.)の**環境閾値説**である(図 I-1-1)。この説は特性によって，遺伝が規定する割合と環境が規定する割合は異なるという相互作用を考慮した理論である。

人間の特性は，遺伝に強く作用されているものもあれば，環境の規定がどれだけかは実際的にはむずかしいことも多い。

そのため，調査方法として，双生児の研究，家族研究法，家系調査法などがある。双生児研究については次の「成長・成熟・学習」で述べている。

(3) 成長・成熟・学習

発達は生得的な素質といえる**成熟**(maturation)と，経験訓練による**学習**(learning)の両者が影響し合っての現象であるが，この2つを考えてみよう。

成熟とは外部からの影響をあまり受けないで出現するものである。その動物によって，ほぼ一定した型と発現時期のある発達現象である。人間もある年齢，ある段階に達すると，個人差を越えて多数の子どもに共通してみられるものなのである。この成熟を発達のうえで重要とみたのが，ゲゼル(Gesell, A.)で**成熟優位説**を，一卵性双生児の研究を中心に主張した。

ゲゼルは一卵性双生児の1人に生後46週から6週間，毎日10分の階段のぼりの訓練をおこない，もう1人にはさせなかった。その後52週目に2人を比較すると26秒と45秒の差があった。その後2人いっしょに訓練したところ，早く始めた方は20秒，遅れて開始した方は10秒で昇ったのである。この結果から一般に成熟が行動の出現の時期を決定するのであるとした。つまり7週間も早く訓練しても，それは早すぎたのであり，ちょうど良い時期に始めれば効果的であるということを示すものとした。この適当な時期を**適時期**(optimum time)という。早すぎても遅すぎても効果的でないという例は運動技能などにみられる。自転車は子どもはすぐ上達するが成人は上達が遅いことなどは，全身運動感覚の適時期がかかわっているといえよう。

このため成熟の適時期を待つという考え方が支持され，身体面だけでなく教育面の学習でも待つということがおこなわれてきた。このため「成熟優位」の適時期，**レディネス**(readiness)についての立場は，「待ちのレディネス観」と呼ばれたりした。

しかし，ゲゼルの実験も批判がある。階段昇りを遅く始めたとしても，その間にも手足を動かしたりして，階段を昇る機能が発達していたとも考えられ，練習の効果がなくてもそれがすべて身体の成熟によるとはいい切れないのである。どうしても成熟と学習は相互に作用し合うものという点を忘れ去ることは不可能である。

これに対するのが，発達は内的なものの出現ではなく，その人間の環境により学習したり経験したことによって生ずるものだという考えである。ワトソン(Watson, J. B.)の「経験説」では，刺激に反応する身体的・生理的構造のみを先天的要因として認め，複雑な行動はすべて学習により形成・獲得されるとしている。

遺伝と環境については，各々の立場でその重要性が述べられてきた。現在は遺伝子(DNA)の研究も進み，環境の変化も大となってきているので，相互作用についての研究が，新しい視点でおこなわれることとなろう。

(4) レディネス

あることを学習するために，前もって必要とされる条件をレディネス(readiness)という。すなわち学習が成立するための準備性のことである。レディネスを構成する要因として，成熟が重要と考えられていたので，ある学習のためには成熟を待って学習すべきであるという「待ちのレディネス観」「固定的レディネス観」が優勢であった。一卵性双生児による階段昇りの実験に示されるゲゼルのレディネス観は，「成熟的レディネス説」と呼ばれる。これに対しては，学習者自身の経験的要因などが重視されるようになり，レディネスを形成的に考えるようになってきている。「教育的レディネス観」の立場ではブルーナー(Bruner, J. S.)があげられる。たとえば，2次方程式を学ぶ場合，1次方程式のマスターが，2次方程式学習のための学習の素地となるのである。ブルーナーのこうした学習理論は，成熟重視の考えに対立するものである。発達を積極的に教育との関連のなかで論じている。

彼のこの主張は著書『教育の過程』(*The process of education*, 1960)のなかで展開されている。ブルーナーは学習のレディネスについて，「どの教科でも知的性格をそのままに保って，発達のどの段階の子どもにも効果的に教えることができる」と述べている。従来の成熟優位のレディネス観を批判したのである。

「発見学習」はブルーナーの開発した教授法である。これは内発的動機づけによって主体的に学習をおこない，それによりさらに発達を促進しようとするものである(詳しくはⅡ部4-4参照)。

自然科学教育では，ブルーナーの教授-学習理論は実証されている。しかし，成熟にかかわる発達もあることは事実である。

(5) スキャモンの発達曲線

発達は各々の時期や部分によって，早い遅いがある。また身体の発達は形態と機能の両面からとらえる必要がある。図Ⅰ-1-2はスキャモン(Scammon,

R. E.)の**発達曲線**という図である。出生から成熟に達するまでの身体各部の発育を示したものである。これをみると身体諸器官は異なった発達をすることがわかる。

　神経型とは脳や脊髄，頭部の大きさなどの発達曲線である。脳は胎内でも早く発達しているもので，出生時の全身長に占める頭部の割合は1/4もある。6歳では成人の脳・神経系統の80％にも達しているのである。

　これに対し生殖型に分けられる睾丸，卵巣などは思春期に入って飛躍的に成長するのである。発達の特質・原理にある「発達には遅速がある」を示している図であるといえる。また一般型の発達曲線は骨格・筋肉・内臓諸器官を示すものであるが，発育の著しい時期と安定した時期があることをみることができる。乳幼児期と思春期・青年期が急激な成長期であり，各々第一発育急進期・第二発育急進期と呼ばれている。発達は連続的であり，リズムがみられるのである。そして，この発育急進期の出現もひとりひとり異なるのである。発達の

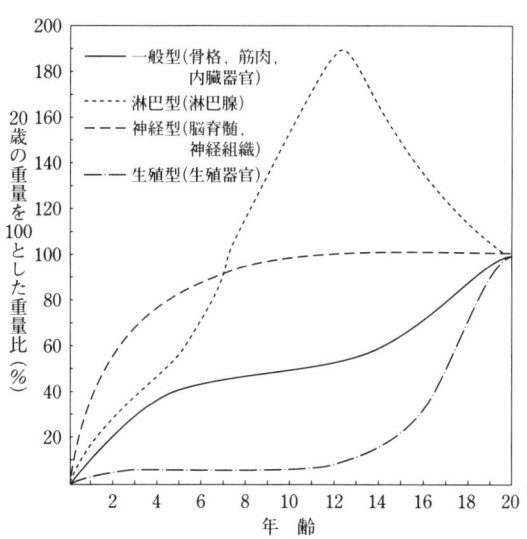

出典：Scammon, R. E. 1930　豊口・椙山他　1983　青年心理学

図Ⅰ-1-2　**身体発育曲線**

ヤマを年齢でみると，早熟型と晩熟型では3年の差があるとされる。個人差の存在はここでも示されているのである。また男女の差をみると，女子は男子より早く発達・成熟が始まり，男子より早く成熟が止まり成人に達する。

身体の発達は誰にもみられるものなので，一定の方向性も指摘されてきた。頭部から尾部，中心から周辺・末端へということなどである。運動機能で説明すると，乳児はまず首がすわることから，だんだんに軀幹部へと発達する。そして下肢がしっかりすると，すわれるようになり，満1歳の頃は歩行を開始することとなる。上肢もそうであって，腕全体を動かして，手のひら全部で積み木をつかんでいたのが，指先でピンチ状につまめるようになるのである。

また，未分化な状態から分化へということは，新生児の感覚でもみられることである。足裏を刺激すると足指が扇状に開くバビンスキー反射（原始反射の一つ）は未分化のためであり，やがて神経系の機能が分化することによって，その反射は消滅する。部分刺激に全身で反応するということも，部分→部分へと分化するのである。しかし，発達のプロセスのなかで各部分や機能が分化してゆくが，その各々はそれぞれの独自性を保ちながら，しだいに全体として統一のとれた生活体としてまとまってゆくのである。この生活体は分節化された統合体といえるのである。

感情の発達も初期は生理的な刺激でもつくり出せる漠然とした快と不快の未分化な感情が，より高次な感情へと分化してゆくのである。身体の発達からみたものの他に，精神発達の面からみた発達の原理もある。そのなかの1つとしてジャーシルド（Jersild, A. T.）の発達原理をみてみよう。

(6) ジャーシルドの発達原理

① 自発的使用の原理

子どもが成長の過程のなかで芽ばえてくる能力を自ら進んで使用する衝動。たとえば知的能力が発達すると，なんにでも好奇心をもち周囲を質問ぜめしたりすること。

1．発　達

②　専心・移行の原理

子どもは新しい行動を獲得しようとするとき，一定期間集中するが，これを獲得すると，他の行動様式の獲得に移行し，またそれに専心するようになる。

③　発達的修正の原理

子どもは新しい行動様式を獲得することによって，それまでの行動様式を捨てるか，または修正する。より有効なものを求めることといえる。

④　習慣固執の原理

新しい行動様式があっても，習慣化した古い行動様式に固執してしまうこと。

⑤　予想の原理

発達は常に未来に対する準備の意味を含んでいる。ある時期にみえる行動から，将来の傾向を予想できるとした。

1-2　発達の基本的問題

(1)　初期経験の影響

人間は「生理的早産」といわれるように，胎内の保護環境から早く離れ未熟な状態で生まれてくる。そのため出生後早い時期に経験し学習することは，その後の発達に大きな影響をもっているのではないかと考えられる。

初期経験の重視の研究では，ロレンツ（ローレンツ，Lorenz, K.）の鳥類の生態研究によるものをあげたい。ロレンツは離巣性の鳥のヒナを観察し，孵化したばかりのヒナは初めて見る動く対象を追いかけるということを見いだした。それは親鳥でなくても成立する。ロレンツはこの現象を**刻印づけ，刷り込み**(imprinting)と呼んだ。

刻印づけは一度成立すると，その行動を消去することは，きわめて困難であるが，しかし，この現象が起きるのは発達のごく初期に限定されている。この時期を外してしまうとこの現象は起こらなくなる。このような時期を**臨界期**

(critical period)と呼んでいる。鳥の場合,臨界期は孵化後十数時間で,それ以後の刻印づけはみられないとされている。

哺乳類ではハーロウ(Harlow, H.)の赤毛ザルの母子隔離飼育実験がある。サルと養育してくれる相手との結びつきが形成される臨界期は,生後4カ月頃と推定された。子ザルは母親的なものから引き離されて養育されると,情緒不安定になったり新しい場面に適応できなくなったりし,異性との性行動も困難になる。さらに親になったとしても,育児行動が不十分で,育児放棄をしたりすることも明らかにされている。

人間の場合も豊かで変化のある刺激を,愛情とともに受けることが,発達の初期には重要で効果的であることはいうまでもない。しかし,他の動物のように臨界期は存在しないとされている。しかし,ある能力や機能の獲得には最適な時期も存在することは確かである。これを**敏感期**(sensitive-period)と呼ぶこともある。臨界期のように固定的ではないが,より効果的な時期であることを知っておく必要があるといえよう。

(2) **発達と環境**

人間が育つときに人間的環境は重要である。子どもは人間相互のかかわりのなかで,生まれた社会の生活様式や習慣を身につけてゆく。この過程が社会化である。

出生後子どもがまずかかわるのは,生まれた家庭であるので,そこでの母性的養育の重要性についての研究は多い。母性的接触であれば母親でなくてもよい。この母親的養護行動を一般的には**マザリング**(mothering)と呼んでいる。マザリングのなかでも頬ずりとか抱きしめるなどの直接的・身体的接触が重視されてきた。こうしたかかわりによって乳児は養育者に対して**アタッチメント**(attachment)を形成する。アタッチメントとは,情動的な結びつき,愛着である。アタッチメントは,その人間の後の生涯に大きく影響を及ぼすので,乳児期の発達課題とされている。この欠如はⅠ部4-5で述べているマターナル・

デプリベーション(maternal deprivation)を招くこととなる。

発育不良や感情の平板化，知的機能の遅れなどさまざまな発達遅滞現象は**ホスピタリズム**(hospitalism)と称され施設での母性的養護が不十分なため生じるものとされてきた。

発達の初期から人間的かかわりのない環境で育ったとしたらどうなるであろうか。

人間社会から離れて生活していたところを発見された子どもを**野生児**という。彼らが人間社会に戻ってから人間的適応が可能だったかどうか。発達における環境の意義，発達初期における学習のもつ規定性の重要さなど，野生児研究は多くの示唆を与えたのである。

(a) アヴェロンの野生児

1799年に南フランスのアヴェロンの森で発見された推定年齢11〜12歳の男児。イタールという医師により教育されたが，知的な発達では大きな成果がみられなかった。とくに音声言語の習得はできなかったのである。イタールはヴィクトールと名づけられたその男児に対して体系的に言語教育を試み，30年間愛情を注いだが，40歳くらいになっても幼稚園児程度の社会性，知的水準であった。

(b) 狼に育てられたアマラとカマラ

1920年にインドのミドナポールの森の狼の洞穴で発見された。救出した後養育にもあたったシング牧師によると，アマラは2歳，カマラは8歳くらいと推定された。発見当時は2人とも四つ足で歩き，昼間は床にうずくまり夜になると走りまわるという行動を示した。衣服や入浴にも抵抗を示した。2歳のアマラは人間生活への適応が早く，言葉もかなり覚えはじめたが発見の翌年に死亡した。8歳のカマラは9年間生きたが，2本足で歩くようになり，コップで水を飲むようになった。言葉は4年目に6語，5年目に30語，7年目に45語を使えるようになった。動物のような行動から次第に人間の生活に適応するようになったが，家庭で育った子どもに比較すると，その発達は遅々としていた。

上記の2例からもみられるように，人間社会のなかで生活することによって，人間的行動を学習し開発されて人間になるのである。野生児たちは発達初期の成育環境が人間社会から隔離されていたため，その後の発達が困難であった。とくに2例とも言語の習得に障害がみられたのである。

最近では身近な家庭的環境だけでなく，人間の生きる環境としての自然環境，社会環境が問題とされるようになってきている。都市化・工業化によって人間の生きる環境が破壊されてきている。**環境剝奪**(environmental deprivation)も人間の発達を阻害するものである。

1-3 社会文化的環境と発達

発達を考えるとき，われわれは個人に焦点をあてて考えることを主としてきた。子どもが生まれた家庭や社会の習慣や行動様式を，それぞれの環境のなかの人とのかかわりのなかで身につけてゆくことを考えてきた。発達の普遍性や発達の傾向の共通性を見いだすことを重視してきた。心理学ばかりでなく社会学など隣接科学でも研究されてきている。社会学では人間が誕生した家族集団を「定位家族(family of orientation)」と呼び，ここで親の養育をうけてパーソナリティを形成する。子どもにとっては選択の余地のない運命的な環境である。そして成人した子どもは結婚して自らの家庭をつくるが，この家族は「生殖家族(family of procreation)」と呼ばれる。ここでの行動様式には「定位家族」での経験が反映する。幼児虐待など歪んだ親子関係をみるとき，生育時に不幸な経験を受けていたという事例が多いのである。

家族は人間の出会う最初の集団である。そして学校や地域社会，さらには民族，国という大きな集団の影響も受けるのである。

養育者としての親や成人は，子どもの保護や監督者として自らの価値観・基準にもとづいて子どもの社会化の方向づけをしてきた。この価値基準は時代とともに多様化し変化してきている。そして過去には高い評価を得ていたものが

否定されたり消滅したりした。共通の地盤もなくなり価値観は混乱してきているのである。子どもが成人して混乱しないためにも，親は自分自身の価値基準を確立し，社会環境にはたらきかけなければならないのである。

　人間のパーソナリティの発達に家族の果たす役割は大きい。家族，親子，きょうだいは遺伝的要因に支配されていることはいうまでもないが，環境としても規定性が大なのである。最近では家族心理学，家族社会学など家族に焦点をあてた研究も多い。

　家系の研究も長期間にわたっての家族集団の研究である。家系研究ではアメリカの「カリカック家」がある。父親が同じでも母親に知的欠陥がみられた場合と，知的に優秀で健康な女性であった場合には，子孫に大きな相違が生じたというもので，南北戦争時のアメリカ軍人の家系研究である。遺伝の重要性の例とされたが，環境のことも考えなければならないともされた。

　優秀な家系の例としては，5代の間に13人の著名な音楽家を出したバッハの家系や，シュトラウス父子があり，チャールズ・ダーウィンの家系は4代の間に世界的天才3人，非常にすぐれた人8人，その他すぐれた人々を出している。日本では画家の狩野家，学者の箕作家が家系研究の対象となっている。

　たしかに秀れた人の子孫に秀れた人の存在する例は多く，秀れた能力の遺伝は認められる。しかし，家系調査で遺伝を決定的とは断定できない。同一家系の人々は同じような環境で生活する。そのため同じような趣味や思想，行動様式を身につけやすいのである。

　たえず音楽を聴く環境と，音楽とは無縁の環境で育っても同じように育つかどうかはいえないのである。遺伝と思われても実は環境の影響を受けていることも事実なのである。

　「蛙の子は蛙」「瓜のつるにはなすびは成らぬ」は遺伝重視であり，「氏より育ち」は環境を重くみている諺である。

　諸外国にも，遺伝と環境についての諺は多い。「良い犬は血統で狩をする」「狼の子は狼になる」は遺伝重視の例であろう。

1-4　発達の研究法

(1)　横断的方法

いろいろな年齢群の特徴を把握しようとするものである。同一時期に複数の年齢集団の被験者群からデータを得て，結果を比べることによって，その発達の特徴を明らかにしようとするもの。後章のⅠ部4「発達の概要」は各々の段階の発達の諸相が述べられているが，ここに用いられた資料などは，横断的研究の調査や測定方法が用いられている。

測定運動のさかんなアメリカにはS.ホールの「ボストン市の入学児童の調査」をはじめ，現在まで多くの研究調査資料があり，発達基準や一般的傾向を知ることができるのである。

問題点としては，同一年齢であっても集団の等質性が得にくい。

連続性や安定性も明確にできない点もある。発達的変化の規定条件を求めにくい。

(2)　縦断的方法

同じ被験者のグループを，時期を変えて繰り返しデータをえて，結果を比較する方法である。同一個人の発達過程や個人差を明らかにすることができる。環境その他の条件の分析と個人の環境の相互作用も解明することができるなどの利点も多い。しかし，時間や経費の負担も大きく，被験者の獲得や協力もテーマによっては得にくいことも多い。

このように発達研究の多くは，2つの方法により，また2つの方法の折衷により実施されてきたのである。付け加えれば，特定の年齢のサンプルを異なる時代において測定することによって，世代間を比較する世代差分析(コホート法)がある(図Ⅰ-1-3)。

横断的方法の対象の等質化につとめ，年間に何回か調査する方法であり，他

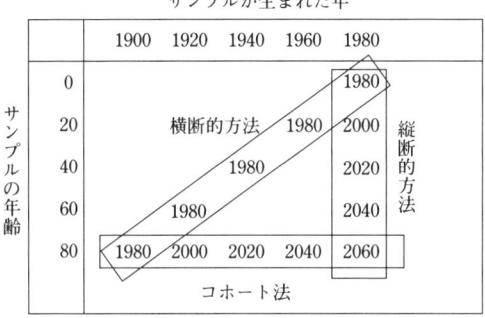

図 I-1-3　発達の研究法

は縦断的研究を短期間にすることなどである。変化のみられる時期を2～3年集中し，また次の変化の予想される時期を2～3年にわたっておこなうのである。

その他，心理学研究に用いられる方法もあるので記しておく。

・観察法
・質問紙調査法
・面接法
・テスト法
・自叙伝法
・事例研究法
・実験法

以上の研究方法はあくまでもひとりひとりの理解のために用いられるものである。実験のための実験とか，調査のための調査に終ってはならない。また個人のプライバシーに関することも出てくるので，研究の結果の取り扱いには充分注意が必要である。

2. 発達段階と発達課題

2-1 発達段階区分の意義

　人間の発達は個体の発生(受精)から積極的変化・成長をする時期を経て，消極的変化が始まる老年期から死去に至るまでの一生がある。この間の発達変化のなかの心理や行動などの一般的特徴を，いくつかの段階に区分しようとしたものが**発達段階**(developmental stage)である。

　発達は連続的であるがリズムもある。発育急進期のような急激な変化がみられる時期の後は，前の段階と比べて異なった特徴が出現する。たとえば第二次性徴のみられない児童期と性的変化がきわ立ち性差もはっきりしてきた青年期を比較してみれば，段階による差異がよくわかるのである。この差異や特徴は身体的な面ばかりでなく，精神的・心理的な面にもみられるのである。ただこうした精神的な面の発達は，外部観察では確実な形で変化がとらえられないという点で大変な難しさがある。しかし，それでも発達段階を設定しようとするのは，一般的とはいえ各段階，各年代の特徴が把握され，学校や家庭において子どもや生徒の理解や指導，助言や援助にとって有効な対応ができると考えられるからである。

2-2 発達の段階分けの諸方法

　発達の区分の方法は，発達をどのような側面からみるかによって分類することができる。その根拠となる学説や社会的慣習などによっても異なるが，主要なものを列挙する。

(1) 身体発達を基準とした区分

身長・体重の増加や体型の変化，二次性徴の出現の順序など，身体的変化は観測や計測が比較的実施しやすいことから，早くから発達段階の区分に用いられてきた。

この区分として代表的なものが，シュトラッツ(Stratz, C. H.)の伸長期と充実期の交替による区分である。身体の発達は身長の伸びの著しいときと，体重の増加量が目立つ時期があり，発達のプロセスのなかでこの2つの時期が交替してみられるとし，次のように年齢を示してその段階を設定した(表I-2-1参照)。

表I-2-1 シュトラッツの区分

①	乳児期		0～1歳
②	中性児童期	第一充実期	2～4歳
		第一伸長期	5～7歳
③	両性児童期	第二充実期 男	8～12歳
		女	8～10歳
		第二伸長期 男	13～16歳
		女	11～14歳
		第三充実期 男	17～18歳
		女	15～16歳
④	成熟期	男	19～20歳
		女	17～20歳

シュトラッツのこの区分は，かなり古いもの(1922)なので，成熟到達年齢が低下した現代の子どもや青年とはズレがあるとも指摘されている。しかし幼児の丸々とした体型，青年期になっての身長の伸びということは認められることであろう。そして女子の成熟の年齢が男子より早いということも現実である。このため，青年前期頃までは，女子の体位が男子を上まわっている。

身体発達を基準とした区分は，成長曲線(growth curve)から区分したものもある。成長現象をグラフに表したもので横軸には年齢，時間，縦軸に身長・体重などを設定する。前掲のスキャモンの発達曲線も人の身体各部の成長曲線である。

この他には歯の発育状況，手指の骨化の状態などを基準とした段階区分もある。

(2) 特定の精神機能を基準とした区分

特定の精神機能，またはそのあらわれとしての行動にもとづいて区分をおこなったもの。この立場は用いる精神機能によって対応の年齢は異なってくる。

握力・協応動作，用箸運動など手指の運動機能によるものや，言語の発達，読書興味の発達，描画の発達，思考の発達，情緒の発達などがある。思考の発達ではピアジェ(Piaget, J.)による「思考特性による区分」がよく知られている。

彼は子どもの科学的認識の発達と，人類の科学的認識の発達史とが深い相関をもっているとする「発生論的認識論」を提唱したことでも知られている。

読書興味の発達を知的発達や人格適応，社会化の発達を示すものとしたのが，阪本一郎である。

① 昔話期(幼児後期)……… 4～ 6歳
② 寓話期(児童前期)……… 6～ 8歳
③ 童話期(児童中期)……… 8～10歳
④ 物語期(児童後期)………10～12歳
⑤ 伝記期(青年前期)………12～14歳
⑥ 文学期(青年中期以後)…14歳～
⑦ 思想期(青年後期以後)…17歳～

年少時は絵本や昔話などに親しむが，これらによって子どもは善悪の判断を学んだりする。昔話期はピアジェのいう自己中心的思考の段階であるが，昔話を楽しむと同時に善いこと，悪いことの存在に気づくのである。

また寓話によって，社会生活のルールを学ぶことができるのである。嘘をついたりすることの結果を知ることも話の内容を理解することで学習する。社会化する手助けとなるのである。童話期では個性化，物語期は社会化，伝記期では個性化，文学期は社会化，思想期では個性化の発達にかかわるのである。

最近では読書ばなれ，活字ばなれがいわれているが個人差が大きい。またマンガやビデオという対象もある。マンガも幼児向から青年，成人向まで多様で

ある。なにを読むかということは，やはり人格や興味の発達と関係があるのである。

(3) 総合的な精神構造の変化からの区分

この立場は人間の全体的な精神構造の変化を基準としたものである。他の区分に比較すると最も包括的であり，古くからこの立場に立って段階区分がされてきた。しかし取り上げる立場の違いによって，年齢区分，時期的区分には差異がみられるのである。

ビューラー(Bühler, Ch.)は自我の主観化と客観化の時期が交替的に現れて，自我が発達すると考えて，5つの段階区分をおこなった。

① 第1位相(客観) ……0～1歳
② 第2位相(主観化)……2～4歳
③ 第3位相(客観化)……5～8歳
④ 第4位相(主観化)……9～13歳
⑤ 第5位相(客観化)……14～19歳

子どもの発達過程のなかでみられる反抗現象を境目としてクロー(Kroh, O.)は3つの段階に区分した。正常な発達のなかでみられる反抗現象は自我の芽生え，自我の確立を示す重要な指標である。他にもフロイト(Freud, S.)やエリクソン(Erikson, E. H.)などの区分が知られている。

牛島義友もビューラーの考えを取り入れて，精神構造の変化を主観客観の転換から5段階に分けた。生活の中心の場から次のように名づけている。

① 身辺生活時代(0～4歳)……客観的生活
② 想像生活時代(4～8歳)……主観的生活
③ 知識生活時代(8～14歳)……客観的生活
④ 精神生活時代(14～25歳)
　　前期　客観→主観への移動
　　中期　主観的生活

後期　主観→客観への移行
⑤　社会生活時代(25歳以後)

　牛島は発達を同じ傾向がそのまま続行するのではなく，前の段階を否定することによって，次の段階に移行してゆくと述べている。

(4) 社会的慣習・制度による区分

　社会的な慣習や制度によって分けたもので実際的なものといえる。教育制度，学校制度，社会制度などの特徴によるので，心身の発達と必ずしも一致しないこともある。

① 幼稚園時代………3～6歳
② 小学校時代………6～12歳
③ 中学校時代………12～15歳
④ 高等学校時代……15～18歳
⑤ 大学時代…………18～22歳

(5) 総合的な区分

　学校制度による区分は便利であるが，入学前，卒業後も含めた人間の生涯にわたる区分も必要である。総合的な発達段階として用いられているものもあげておく(表Ⅰ-2-2参照)。

表Ⅰ-2-2　総合的な発達段階

①	胎児期…………受精から誕生まで	
②	乳児期…………出生～1歳	
③	幼児期	前期…1～3歳 / 後期…3～6歳
④	児童期	前期…6～8歳 / 後期…8～12歳
⑤	青年期	前期…12～15歳 / 中期…15～18歳 / 後期…18～22歳
⑥	成人期…………22～60歳	
⑦	老年期…………60歳～	

2-3　発達課題

(1) 発達課題の意義

　発達課題とは前述の発達段階と関連するものであって，ハヴィガースト

2. 発達段階と発達課題

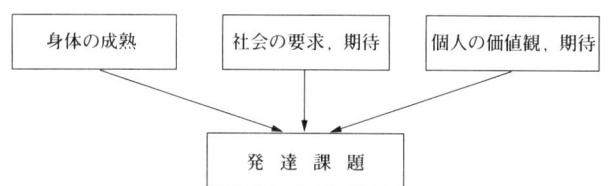

出典：Havighurst, R. J. 荘司雅子訳 1952 人間の発達課題と教育

図 I-2-1　発達課題を規定するもの

(Havighurst, R. J.)によって組織的に論じられた。

　人間はたえず発達，変化してゆくものであるが，社会的に健全で幸福な生活を送るためには各発達の時期に学習し達成しておくべき目標があるとした。これが**発達課題**(developmental tasks)である。ある段階でその発達課題をうまく達成すれば，次の段階での課題達成も容易になるとした。言語の習得は話す以前からスタートしていることであり，その時期を逃してしまった結果は「野生児」の事例にも示されていたのである。対人関係もその基礎は乳児期の愛情にもとづく安定感の獲得により，その後の対人交渉もスムーズにゆくこととなる。

　すなわち，ある段階の課題達成は自信や周囲からの承認，賞賛を得ることができるし，その達成した課題が次の課題達成の成功にもつながるのである（図 I-2-1）。

　反対に課題達成に失敗したり，つまずいたままにしておくと，次の課題達成は困難になりやすい。発達の歪みが生じると，劣等感をもったり周囲からの叱責，否認を受けたりもして，不幸な結果をまねきやすいとされた。

　もちろん，人間は気づくことによって自らの欠点を修正したり，時間はかかっても技能を習得することもできるのである。

　発達課題の具体的な目標は，その社会により時代によって異なるものや変化していくものである。集団生活への適応や遊びのルールの習得などは，以前は家族集団のなかで学ぶことが容易であった。少子化の現代では幼稚園，学校集団から学ぶこととなり，その適応の失敗が社会問題となってきているのであ

る。
　周囲は成長過程にいる子どもたちを見守り，その機会をえるようにつとめ，発達課題の達成に困難を感じていたら，解決のために助言し，導いてゆくことも大切である。発達課題は個人の達成すべきものであることはいうまでもないが，教育的立場からも課題として理解していなければならないものなのである。

(2) ハヴィガーストの発達課題
① 乳幼児期（0～5歳）の発達課題
　　・歩行の学習
　　・固形食物をとることの学習
　　・話すことの学習
　　・排泄を統御することの学習
　　・性の相違および性の慎みの学習
　　・生理的安定の学習
　　・社会や事物についての初期概念の学習
　　・両親や家族および他人に自分を情緒的に結びつけることの学習
　　・善悪を区別することの学習と，良心を発達させること
② 児童期（6～12歳）の発達課題
　　・通常のゲーム（ボール遊び，水泳など）に必要な身体技能の学習
　　・成長しつつある生活体としての自己に対する健全な態度の養成
　　・同年齢の仲間と仲良くすることの学習
　　・適切な性役割（sex role）の学習
　　・読み，書き，計算の基礎的技能を発達させる
　　・日常生活に必要な諸概念を発達させること
　　・良心，道徳，価値尺度を発達させる
　　・社会集団，制度などに対する態度を発達させる

③　青年期(13～18歳)
　・自己の身体構造を受容し，男性，女性としての役割を容認する
　・異性への態度の形成
　・両親や他のおとなからの情緒的独立(心理的離乳)
　・自己の思想・人生観の確立
　・経済的な自立についての自信をもつこと
　・職業選択と準備をする
　・結婚と家庭生活の準備をする
　・おとなの社会への適応を学ぶこと
　・社会的に責任のある行為を望み，かつ達成すること
④　成人初期(18～35歳)
　・配偶者を選択すること
　・結婚相手との生活を学習
　・家庭生活のスタート
　・子どもの養育
　・家庭の管理
　・就職する
　・公民的責任を果たす
　・気心の合った社会集団を見いだすこと

　次いで中年期(35～60歳)と，老年期(60歳以上)へと課題が設定されている。
　老年期(Later Maturity)の課題のなかには，身体的な力や健康の衰退に適応することや自己と同年齢のグループと隠しだてしない関係を確立することなどがあげられている。高齢社会になり，さまざまな問題が生じているが，どの年代になっても人間的に幸福な生活を送るためには，積極的に課題達成に取り組んでゆかなければならないといえよう。
　発達課題はそれぞれの発達段階で，すべてが習得，達成できないこともあ

る。期間内の習得が容易なことは述べたが，次の段階でも繰り返して習得することは可能である。一生かかって達成するものもあるのである。

　ハヴィガーストの発達課題の他には，各々の立場により発達課題の目標や基準があげられている。エリクソン，コール，ホリングワース(Hollingworth, L. S.)などがよく知られているものである(エリクソンについては後章のⅠ部3-2を参照)。

●引用・参考文献（Ⅰ部1，2）
Bruner, J.S.　鈴木祥蔵・佐藤二郎訳　1963　教育の過程　岩波書店
Gesel, A.　生月雅子訳　1967　狼に育てられた子　家政教育社
Havighurst, R. J.　荘司雅子訳　1958　人間の発達課題と教育　牧書店
Itard, J.　古武弥生訳　1975　アヴェロンの野生児　福村出版
Portmann, A.　高木正孝訳　1961　人間はどこまで動物か―新しい人間像のために―　岩波新書
Jensen, A. R.　岩井勇児監訳　1978　IQ 遺伝と教育　黎明書房
Jersild, A.　船国三郎訳　1975　自己を見つめる―不安の解消と共感―　創元社
勝田守一監修　1968　教授と学習の構造　明治図書
Lorentz, K.　日高敏隆訳　1963　ソロモンの指環　早川書房
大山　正・杉本敏夫編著　1990　心理学　北樹出版
重松　毅編　1984　新訂教育心理学　川島書店
Stratz, C. H.　森　徳治訳　1952　子供のからだ　創元社
椙山喜代子編著　1983　青年心理学　学文社
八田武志著　1987　教育心理学　培風館
豊口隆太郎・椙山喜代子共著　1983　青年心理学　樹村房
牛島義友　1954　青年心理学　光文社
阪本一郎　1959　新読書論　講談社

3. 発達の理論

　人間は，その生涯にわたって身体的・精神的に変化し続ける存在である。この変化を，成長・増加のみならず，老化・低下の側面も含めて，「発達(生涯発達)」という概念でとらえようとするのが最近の考え方である。発達の経過を明らかにしようという理論的試みが，これまで多くなされてきた。ここでは，その代表的なものをいくつか紹介する。

3-1　フロイトの精神発達理論

　フロイト(Freud, S.)は，神経症患者の治療を進めるなかで，多くの患者に共通することとして，幼少時の性的感情の体験とその抑圧ということを重視するようになった。フロイトの考えでは，性は性交だけではなく，身体的な快を生み出すものすべてを含んだ広範なものである。とくに子ども時代は，性的な感情は非常に一般的で広義にわたっていて，指しゃぶり，自慰のような活動，自分の身体を見せたがるあるいは他人の身体を見たがること，大便の排泄あるいは貯留，揺り動かすような身体の運動，嚙むあるいは嚙みつくような残忍な行為等で経験されているものと考えられる。フロイトは一般的な性的エネルギーを「リビドー」という用語で表し，このエネルギーが集中する身体部位を想定して「性感帯」と呼んだ。子どもでは口，肛門，性器が最も重要な性感帯でありこれらは特定の段階順序に従って子どもの性的関心の中心となるのだという。そして各時期においてその部位をコントロールすることが発達課題であり，何か強い欲求不満や心的外傷を経験すると，その発達段階に相当する身体部位(性感帯)に，その後も固着・退行する傾向が認められると考えた。以上の

表 I-3-1　心理・性的発達論 (psycho-sexual development)

口唇期 (oral phase：0〜1.5歳頃)：乳児が母親の乳房を吸う口唇的快感が中心．口唇期への固着は，甘えや依存心が強く，おしゃべり，酒や煙草等の口唇的活動への依存を生じさせる．
肛門期 (anal phase：1.5〜3歳頃)：肛門括約筋が発達し，排便をコントロールできるようになる．肛門的快感が中心．肛門期への固着では，けち，几帳面，頑固，意地っ張りなどの性格が形成され，強迫神経症の素因となる．
男根期 (phallic phase：4〜6歳頃)：幼児性欲が頂点に達し，性器への関心が高まる．自己の性を意識し，異性の親がライバルになる．男の子は，母親への愛情が高まるとともに父親への攻撃心が高まることで，逆に父親に自分のペニスが切られてしまう不安を持つ（去勢不安）．その結果，母親への愛情を放棄し，父親に同一化する（エディプス・コンプレックス：Oedipus complex）．女の子は，自分にペニスを与えてくれなかった母親に対する憎悪から父親に愛情を向ける（男性羨望）．しかし母親への依存を放棄することができず，母親への憎悪や父親への愛情は抑圧され，母親への同一化を始める（エレクトラ・コンプレックス：Electra complex）．男根期への固着は，虚栄心，競争心，攻撃性等の強い性格を形成する．
潜伏期 (latency phase：6〜11歳頃)：幼児性欲は一時的に不活発になり，その間知的発達や社会性の発達が促される．
性器期 (genital phase：12歳〜　)：思春期に入り，性的欲求が高まり，それまでの部分的な欲動は性器性欲として統合されて，異性愛が可能となる．

出典：下山晴彦編　1998　教育心理学II—発達と臨床援助の心理学　東京大学出版会

フロイトによる発達段階を簡略にまとめたものが表 I-3-1 である．

3-2　エリクソンの精神発達理論

エリクソン(Erikson, E. H.)はフロイトの心理・性的発達理論をもとに，対人関係や人格発達に焦点をあてた心理・社会的発達理論を提唱した．彼は人生を，ライフサイクルという視点から8つの節目(発達段階)に分けた(図 I-3-1)．

8つの段階を順次進んで一生を終えることがすなわちライフサイクルにほかならないが，エリクソンは，各節目にその時期に達成することが期待される課題と，その課題達成に失敗したときに陥る心理社会的危機状況とを対にして想定した．心理社会的危機とは，人がそのライフサイクルのなかで，次のプロセスに進むか，あるいはそれまで経てきた発達の過程に逆戻りしたり，横道に外

3．発達の理論

	1	2	3	4	5	6	7	8
Ⅷ 円熟期								自我の統合 対 絶望
Ⅶ 青年期							生殖性 対 停滞	
Ⅵ 若い青年期						親密さ 対 孤独		
Ⅴ 思春期と青年期					同一性 対 役割混乱			
Ⅳ 潜在期				勤勉 対 劣等感				
Ⅲ 移動性器期			自発性 対 罪悪感					
Ⅱ 筋肉肛門期		自律 対 恥と疑惑						
Ⅰ 口唇感覚期	基本的信頼 対 不信							

出典：エリクソン，E. H. 仁科弥生訳 1977 幼児期と社会Ⅰ みすず書房

図Ⅰ-3-1 エリクソンによる心理・社会的発達の分化図式

れて進んでいったりするかの「分岐点」ないし「峠」をさしている。したがって，ある段階の課題を達成するか否かは，その後の段階の課題の達成の度合いにかかわってくるのである。各段階のおよその様相を以下に述べる。

① 基本的信頼感　対　不信感(誕生〜1歳半頃)

乳児が初めて経験する対人関係は養育者との相互交渉である。養育者が乳児に対して一貫して安定した，生理的・社会的に満足を与えるようなかかわりをおこなうと，乳児は養育者が信頼でき，依存して大丈夫な相手であることを感じる。そして養育者に対する基本的信頼感が獲得される。しかし，そうでない場合は，養育者に対して信頼できない，そばにいてほしいときに果たしていてくれるかどうかわからないと思うようになり，不信感が獲得される。そしてこの時期に根づいた対人的不信感は後の対人行動に影響を及ぼすといわれている。

この後の発達段階にも共通することであるが、エリクソンの発達課題と心理的危機は表裏をなしており、信頼感を得るにはある程度の不信感の経験も必要であるということである。つまり、心理的危機を適度に経験しこれを乗り越えることにより、課題を達成し、次の段階へと進むということなのである。

② 自律性 対 恥と疑惑（1歳半から3歳まで）

この時期にはトイレットトレーニング等のしつけが始められる。しつけとは親に代表される大人による指示や禁止を乳幼児が内在化させていくプロセスであるが、この時期までの乳児は欲求に従って行動することに対し、外からのコントロールをほとんど経験していない。そのため、親による初めての圧力は乳幼児に葛藤や不安・混乱を与えるし、ここで親が子どもの心への配慮を怠ったり厳しくしすぎると、子どもは自己決定への意欲を失い、恥や疑惑の感情を強くもつようになる。しかし、自分自身でいろいろなことができるということをしっかり経験する機会を与えられれば、親の期待にこたえることもでき、自律感を味わう。

③ 自主性 対 罪悪感（3歳から6歳）

幼児期後期にあたるこの時期は子どもにとってエネルギーに満ち溢れた時期で、いろいろな活動に自発的に動き回る。自分で目標を設け、計画を立ててやり通そうとするようにもなる。こうした自主性・自発性を十分経験することで、自信をつける一方、計画が達成できないことに気づいたときには心理的危機が訪れる。また、挑戦的な傾向も強まるこの時期、仲間や親との競争も経験するが、この競争で負けて打ちのめされたり、あるいはやりすぎて罰をうける不安等がこの時期の心理的危機である。

④ 勤勉性 対 劣等感（6歳から11歳）

学童期に当たり、ライフサイクルのなかでは比較的安定した時期とされる。子どもは学校教育において、一定の文化的な技能（読み・書き・計算）を勤勉に学ぼうとし、そのことがこの時期の課題となる。しかし、習得の過程で自己の能力の限界を感じたり、自らを不適格と感じて劣等感を抱くという危機が存在

する。

⑤ アイデンティティ 対 アイデンティティ拡散(思春期・青年期)

次章で詳しく述べるが,「自分とは何者であるか」を模索し,親からの心理的離乳等を経験しながら自我の再構築をおこなうことがアイデンティティ確立である。しかし自我の形成はなまやさしいことではなく,ややもすると,自分が何者であるのかが曖昧となり,アイデンティティの拡散につながる。

⑥ 親密性 対 孤独(若い成人期)

ここでいう親密性とは,自己を喪う危機にさらされても自己を喪わず,他者と親密な関係をつくり上げる能力のことである。心酔して感化を受けるような人物との関係や,親しい異性との性的関係等は自己を賭け,自己を危険にさらすことも少なくない。しかし,こうした危険を恐れず対人関係を結ぶことができれば,親密性を達成することになる。しかし,そうした危険性を回避しようとすると,深刻な孤独感にさいなまれることになる。

⑦ 世代性(生殖性) 対 停滞(成人期)

次の世代を生み育てることや,教育や労働により物や考えを生み出し次代に伝えることがこの時期の関心事であり,課題である。こうしたことが充分でないと,人格の停滞化と貧困化が起こる。

⑧ 統合性 対 絶望(老年期)

ライフサイクルの最終の節目であり,これまでの自分の人生を振り返り,それを受け入れることができるか否かがこの時期の課題である。すべて満足のいく人生はないといってよく,悔やむことの方が多いが,そうしたことも含めて自分なりの人生であったと考えることができれば,自我が統合されたことになる。しかし,そうでないと深い絶望感に陥ることになる。

3-3 ピアジェの発達理論

ピアジェ(Piaget, J.)は20世紀を代表する心理学者の一人であり,認知・思考

の発達に関する壮大な理論を築き上げた。ピアジェの特徴は，発達を構造の変化ととらえたことである。ピアジェは認知の発達過程は4つの段階（図Ⅰ-3-2）を経ると考え，各段階はそれぞれ異なった構造の認識過程であり，次の発達段階に移行するということは，前段階における認知構造を質的に変化させるということであるとした。ピアジェの認知発達段階では，抽象的な事象について論理操作が可能になるのが最終段階であるが，そこまでの変化は何によって可能になるかというと，個体の環境との相互作用，つまり個体が環境に働きかけたり，環境から働きかけられることによって自分のなかにすでに所持している構造を変化させる行為からである。

　ピアジェの用語で**シェマ**（Schema）という概念があるが，これは「自分がひきおこせる行動の型」とか「行動を可能にしている基礎の構造」「行動や思考の様式・枠組」を表す。たとえば，私たちが物を持ち上げたりつかんだりするとき「（物を）持つシェマ」「つかむシェマ」を用いている。さらに，シェマ同士を組み合わせた複雑な運動や行動も可能である。たとえば「見る」というシ

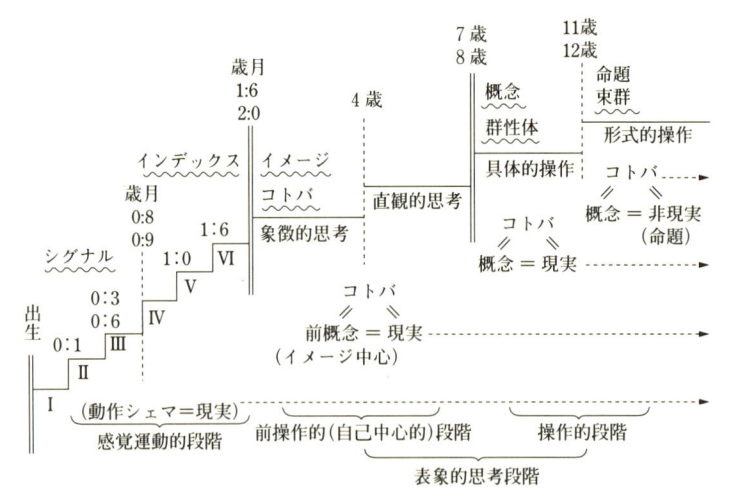

出典：村井潤一編　1986　発達の理論をきずく（別冊発達4）　ミネルヴァ書房

図Ⅰ-3-2　ピアジェの発達段階

ェマと「取る」シェマを組み合わせた「見える物を取る」というシェマなど。また，私たちは頭のなかに概念やイメージを思い浮かべることができるが，これもシェマである。ピアジェのいう環境との相互作用は，まさにこのシェマを駆使してなされるものであるが，このことを説明するのに，**同化**(assimilation)と**調節**(accommodation)という概念が重要である。同化とは，「外界の物や対象を，自己のシェマに取り入れる働き」をいい，「調節」とは逆に，「自己の持っているシェマを外界の物や対象に応じて変化させる働き」である。岡本(1986)は，次のような例で，同化と調節を説明している。

> 自分なりの「昆虫」の概念シェマ(小さくて羽があって，飛ぶもの)をもった子どもがいて，トンボや蝶やかぶと虫は昆虫であるというように同化を進めていく。ところが，アリを見せられた時に既存のシェマには合わず(矛盾)，同化ができなくなる。しかし，アリには羽がはえているものもあることを知ると，それは昆虫として同化できる。だが，同じアリが昆虫であったりなかったりというおかしなことになるので，ここでその子はそれまで持っていた昆虫のシェマを変える必要が生じてくる。これが調節であり，調節によってその子の内部は安定した均衡状態に戻ると同時に，「昆虫」シェマがより高度なものに作りかえられる。

同化を進めていって，ある時矛盾が生じると，今度は調節機能を働かせることにより，個体の内部は適応状態に戻る(これを均衡化という)。このように，同化と調節が相互に働き合ってより高度の均衡状態をつくり出す繰り返しが認知発達のプロセスなのである。

ピアジェによる各発達段階の特徴を以下に要約して述べる。

① 感覚—運動期(生後～2歳頃)

この時期は，感覚と運動が直接結びつき，赤ん坊は，「つかむ」「叩く」「引く」などの運動を通して外界を感覚的にとらえる。感覚—運動期は表Ⅰ-3-2のように6つの下位段階に分けられる。この時期の終期には，目の前にないものでも頭のなかで再現できる(表象作用)ようになり，洞察が始まり，また，あ

表I-3-2　ピアジェによる感覚運動的段階の概要

下位段階	およその期間	特徴
I	出生～生後1か月	○生得的な反射からシェマへ 　たとえば把握反射をもとに，さまざまな物を能動的に上手につかめるようになる。
II	生後1か月～4か月	○2つ以上のシェマの協応 　たとえば指をしゃぶるという行動は，「吸う」シェマと「手を動かす」シェマの協応。 ○第1次循環反応の形成 　指をしゃぶるなどの，自分自身に対する行動をくり返す。
III	生後4か月～9か月	○第2次循環反応の形成 　おもちゃを振って音を出すなど，自分の外部の世界に対する行動をくり返す。
IV	生後9か月～1歳	○手段と目的の分化 　なにかほしい物を取ろうとするときに，まずその前にあるじゃまな物を取り除くことができるようになる。 ○物の永続性の理解
V	1歳～1歳半	○第3次循環反応の形成 　目的に到達するために，さまざまな手段を試みる。たとえば，物をさまざまなやり方で落として喜ぶ。
VI	1歳半～2歳	○洞察的な問題解決 　試行錯誤なしに，頭のなかでいろいろ試みてから実行に移せるようになる。 ○イメージの形成

注：シェマ・ピアジェの用語で認知活動の単位
出典：藤谷智子　1987　認知　大畑祥子・川上清文・遠山文吉編　子どもの発達と音楽　同朋舎

るものを別のもので表すといった「象徴機能」を理解しはじめる。

②　前操作期(2歳頃～7歳頃)

象徴機能がはっきりと表れ，成長する時期である(ごっこ遊びなどが典型例であり，この時期の言葉の発達も象徴機能の獲得と連動している)。子どもの思考の特徴は「中心化」，「自己中心性」，「アニミズム」などである。

③　具体的操作期(7歳頃～11歳頃)

目の前にある具体的な事象について，いくつかの論理操作が可能になる。見かけにまどわされなくなり，保存の概念(物質がその外見をかえても，本質的な

数，長さ，重さ，量などは変化しないこと)が獲得され，また，一度に複数の次元を操作するような系列化，分類等も可能になる。

④　形式的操作期(11歳頃～15歳頃)

その場にない事象や，事実に反するような事柄についても，論理的推論や抽象的推論が可能になる。「組み合わせ」「比例概念の理解」「関連要因の分析」等の思考が可能になる。

　以上の理論のほかに，双生児の一方に階段上りの訓練を施し，訓練を受けなかった者との比較実験の結果から「成熟優位」を唱えたゲゼル，人間の全生涯にわたる発達課題を具体的に提案したハヴィガーストの発達課題論，発達と教育との関係に新たな視点を与えたヴィゴツキーの「発達の最近接領域」に関する理論などが重要である。

4. 発達の概要

4-1 乳児期の発達の特徴

　出生後から1歳半頃までを乳児期といい，そのなかで，生後1カ月までの期間を新生児期という。乳児期の約1年半の間に，おおよその赤ん坊は身長・体重が著しく増加し，自立二足歩行ができるようになり，かたことではあるが，言語を獲得する。また，愛着の形成を土台に，対人行動の基礎をつくる。近年ではさまざまな医療機器の開発や医療技術の進歩により，胎児期からの詳細な観察が可能になり，かつては無能力であると考えられていた新生児や乳児に備

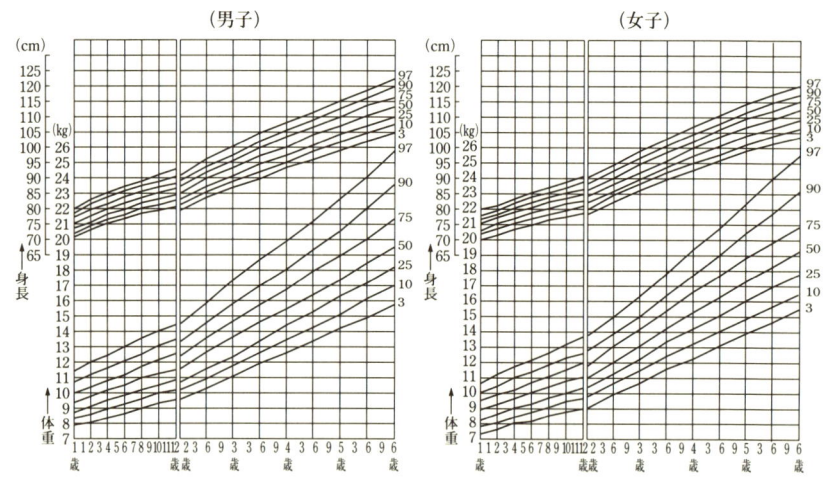

注：身長・体重とも幼児期のパーセンタイル値について7本の線で示してある。下から3, 10, 25, 50, 75, 90, および97パーセンタイル値を示す。1歳代の身長は仰臥位身長を示し，2歳以降は立位身長を示す。
出典：厚生省児童家庭局母子衛生課　1991　乳幼児身体発育値（平成2年乳幼児身体　発育調査報告書）　母子衛生研究会

図I-4-1　幼児の身体発育曲線

表I-4-1　新生児の反射の機能的分類

	反　射	喚起刺激	反　応　型
I 順応と生存を促進する反射	瞳孔反射*	光	瞳孔の散大・収縮
	四方反射*	頬に軽く触れる	触れられた方向への頭の運動
	驚愕反射	大きな音	ひじを曲げ手指を握る
	泳ぎ反射	うつむけて水につける	腕と脚の運動
	吸啜反射	口びるへの刺激	乳を吸うような動き
II 関連する動物種の能力と結びついている反射	匍匐反射	脚を床につける	腕と脚を床につけ、頭を上げる
	屈曲反射	足のうらへの圧	不随意的な脚の屈曲
	把握反射	指または掌への圧	指を握りしめる
	モロー反射	頭を上げてあおむけにねかせ、急に頭の支えをはずす	両腕を広げ、頭をそらし、指を広げ、腕を体の前で交差させる
	跳躍反射	身体を垂直にし、やや前傾させる	両腕を前方に伸ばし、脚を直立させる
	歩行反射	腋下で身体を支え、床に立たせる	律動的なステップ運動
III 機能不明の反射	腹部反射	触刺激	腹部の不随意的収縮
	アキレス腱反射	アキレス腱の打叩	脛筋の収縮と脚の下方への屈曲
	バビンスキー反射	足のうらを軽くさする	つまさきを伸ばし、指を広げる
	頸緊張反射	あおむけにねかせ、頭を横に向ける	頭の回転方向にある腕と脚を伸ばし、他側の腕は屈曲

＊　瞳孔反射，四方反射などを含め，刺激に反応を同調させる反射グループを「定位反射」と呼ぶ。
出典：川上清文・内藤俊史・藤谷智子著　1990　図説乳幼児発達心理学　同文書院

わっている諸能力が明らかになってきた。

(1) 身体・運動発達（赤ちゃんが立って歩くまで）

　乳児期の身体成長は目ざましい。出生時の平均身長は約50cm，平均体重は約3000gであるが，生後1年で身長は約1.5倍，体重は約3倍となる。
　また，運動発達に関しては，最初は寝返りも打てない状態であったものが通常は生後約1年で，自立二足歩行をするようになる。
　新生児期には普通，原始反射といって，特定の刺激に対する特定の運動反応がみられる。
　この反射は生命を守るうえで重要なものであり，新生児はこれによって外界

から受ける刺激に対して適応をはかっているのである。しかしこれらの反射は普通，数カ月後には消失し，代わって随意運動としての行動（自律運動；座る，はいはいをする，手を延ばす，立つ，歩くなど）が可能になるのである。

乳児期の運動発達には，順序性の原理が非常によく現れているといえる。図Ⅰ-4-2は乳幼児の姿勢と運動の発達を示したものである。また，図Ⅰ-4-3は一人歩きができるようになるまでの過程を示したものである。黒丸がその動作ができるようになる時期の平均月を表しているが，前後に幅があることがわかる。運動発達には個人差も大きいことを忘れてはならない。

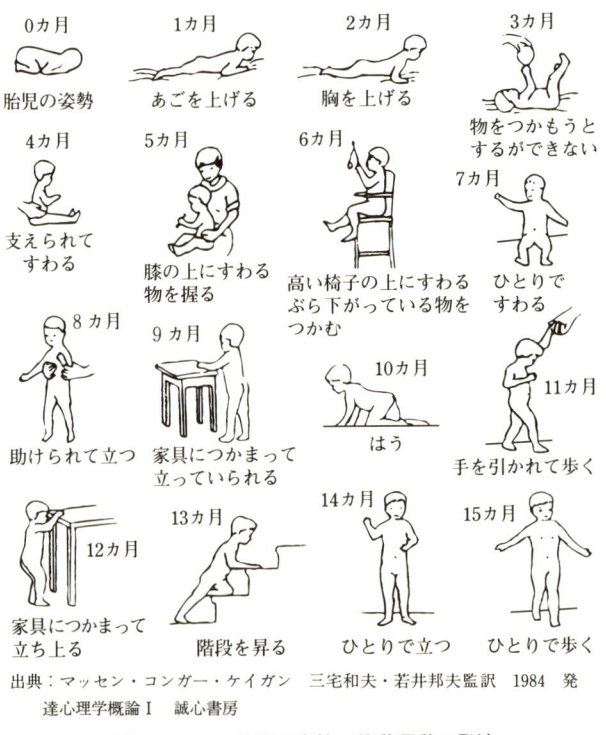

0カ月 胎児の姿勢
1カ月 あごを上げる
2カ月 胸を上げる
3カ月 物をつかもうとするができない
4カ月 支えられてすわる
5カ月 膝の上にすわる 物を握る
6カ月 高い椅子の上にすわる ぶら下がっている物をつかむ
7カ月 ひとりですわる
8カ月 助けられて立つ
9カ月 家具につかまって立っていられる
10カ月 はう
11カ月 手を引かれて歩く
12カ月 家具につかまって立ち上る
13カ月 階段を昇る
14カ月 ひとりで立つ
15カ月 ひとりで歩く

出典：マッセン・コンガー・ケイガン　三宅和夫・若井邦夫監訳　1984　発達心理学概論Ⅰ　誠心書房

図Ⅰ-4-2　幼児の姿勢と移動運動の発達

4. 発達の概要　41

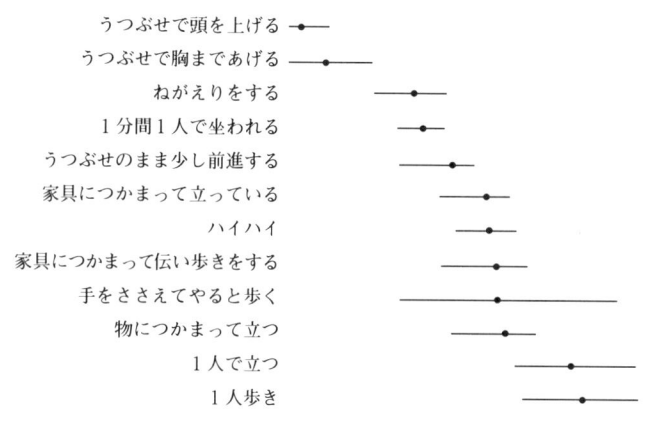

	うつぶせで頭を上げる
	うつぶせで胸まであげる
	ねがえりをする
	1分間1人で坐われる
	うつぶせのまま少し前進する
	家具につかまって立っている
	ハイハイ
	家具につかまって伝い歩きをする
	手をささえてやると歩く
	物につかまって立つ
	1人で立つ
	1人歩き

1　7　13　19　25　31　37　43　49　55　61　67　73　79
年　齢（週）

出典：川上清文・内藤俊史・藤谷智子　1990　図説乳幼児発達心理学　同文書院
図Ⅰ-4-3　運動発達一覧表

(2) 感覚・知覚の発達——視覚を中心に

　視覚・聴覚・皮膚感覚は，胎児期にすでに働いていることがわかっている（26週の時点で，音に対する胎児の心拍数の変化が観察されている。また，視覚では，在胎37週以後には強い光源の方向に眼球を向けた。さらに，在胎15週で把握反射がみられた）。嗅覚・味覚などといったその他の基本的な感覚も出生直後から機能していることがわかっている。

　乳児が視覚を通じて，外界の刺激をどのように認知しているのかを調べた古典的な研究として，ファンツ(Fantz, R. l., 1963)の実験がある。図Ⅰ-4-4のような異なるパターンの刺激を対にして乳児に提示する。どちらかを好んで長く注視するとすれば，その刺激を他とは異なるものとして選択していると解釈できるというのが彼の仮説であるが，結果はその仮説を支持するものとなった。この実験では乳児の選択の傾向として単純なものより複雑なもの，無色のものより色彩のあるもの，直線より曲線を好む，といったことが明らかにされた。なかでも「人の顔」刺激がとくに好んで注視されたという結果は，乳児が出生

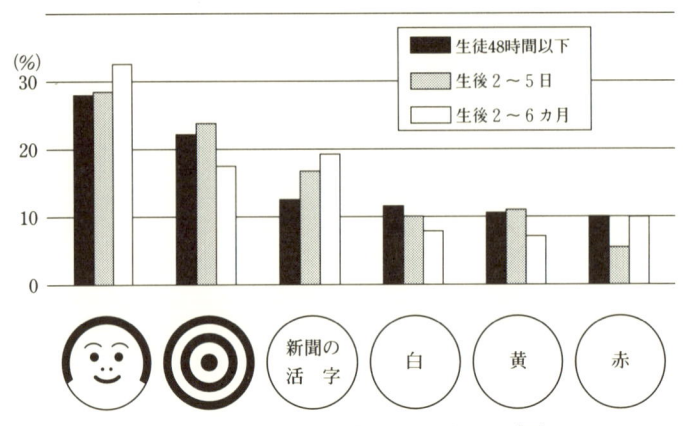

出典：石井澄生・松田淳之助編著　1988　発達心理学　ミネルヴァ書房
図 I-4-4　図形に対する乳児の好み

後の相当早い時期からすでに対人的な刺激を他とはっきりと区別しているということを意味し，対人行動の発達を考えるうえでも重要な知見となった。

奥行き知覚と呼ばれる三次元空間の知覚についても，乳児は早い時期からその能力を発揮していることがギブソンとウォーク(Gibson, E. J. & Walk, D., 1960)の実験でわかっている。図 I-4-5 のような視覚的断崖の装置に乳児を置き，断崖の深い側から母親が乳児の名を呼ぶと，乳児は母の方へ移動を始め

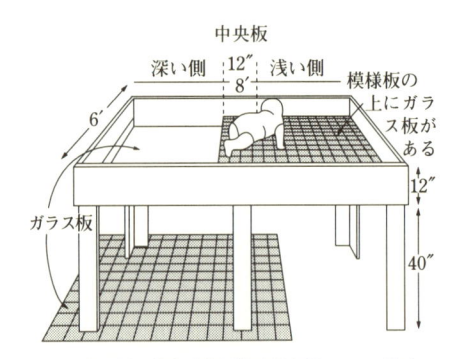

出典：新・保母養成講座編纂委員会編　1991　児童心理学　社会福祉法人全国社会福祉協議会
図 I-4-5　視覚的断崖の装置

るが，断崖のところまでくると断崖の深さを知覚し，そこで止まってしまった。少なくとも生後2カ月の時点で，明らかに恐怖を感じていると解釈が可能な，心拍数の変化がみられたという。

(3) 対人関係の発達

(a) 対人行動の基礎

　人間の赤ん坊は出生直後からしばらくは，自分で食物を取ってくることはできず，周囲の大人から養育を受けなければ生命を維持することすらあやうい。しかし，一方的な受容的態度のみで周囲の大人からの保護を得ているのでは決してない。最近では，乳児は，生得的に他者（この場合は主として養育者である母親）に働きかけ，他者との間に関係をもとうとする基本的なメカニズムを備えて生まれてくるのではないかと考える研究者が多い。このことを象徴的に示す例として，**共鳴動作**（co-action）と呼ばれるものがある。これは，生後1カ月以内の新生児が機嫌良く目覚めている状態のときに，抱き上げて，間近から目を合わせながらゆっくりと大人が自分の舌を出し入れするところを見せてやると，ほどなく赤ん坊も，まるで大人の動作を模倣しようとしているかのように，口許を緊張させたり，口を開閉したり，なかには舌を出したり入れたりするという現象のことである。共鳴動作は正確には模倣とはいえないかもしれない。なぜなら，新生児はまだ，自分自身の身体部位についての理解はなく，大人の口と自分自身の口とが同じ器官であるという認識をしているとは考えにくいからである。したがって，共鳴動作とは情動面を中心に自他の区別がまだ混沌として未分化である状態から生じる現象ととらえたほうが自然であろう。それでも生まれて間もない赤ん坊がすでにこのような形で，自分と向き合っている他者との間に一種のコミュニケーションをとろうとしている姿は，不思議であると同時に前述したような生得的メカニズムを感じさせるものである。

　赤ん坊からの対人的な働きかけのレパートリーは当初は決して多くはない。しかし「泣く」ことや「微笑する」働きかけはいずれも生理的な快・不快に直

結する発信であり，これによって大人の側からの養育的行動を引き出しているのである。大人は「泣き」に対しては近づいていって抱いたり食事を与えたりして泣きやむような働きかけをおこなうし，微笑みに対してはやはり抱いたり同じような微笑みや言葉を返しながら，繰り返し赤ん坊の微笑をひきだすような働きかけをおこなう。赤ん坊はこうして自分の行動に対する相手からの反応を何回となく繰り返し経験することで，最初は自分の生理的欲求を表現するための一方的な行動という側面が強かったものが，相手からさまざまな社会的反応をも引き出せるということを経験する。そのようにしながらコミュニケーションスキルを学んでゆくのである。

　ここで，乳児の対人行動のなかでも代表的な「微笑」という行動を取り上げてみよう。乳児期には自発的(内発的)微笑，誘発的微笑，社会的微笑の3種類の微笑が観察されるという(大薮，1992)。自発的微笑とは乳児が生理的に満足しているときに生じるもので，生後2～3カ月頃までによく観察される。自発的微笑が外からの刺激に対して生じるのではないのに対し，誘発的微笑とは明らかに微笑を引き出す刺激が存在する場合である。この微笑も生後1カ月頃から観察され，とくに人の顔が微笑を引き出す力をもつことがわかっている。そしてこれは，生後3カ月頃に最も盛んにみられるという(3カ月微笑)。さらに乳児が成長するにつれ，微笑する刺激を乳児自身が選択するようになる。つまりよく見知った人には笑いかけても，見知らぬ人に対しては笑わないというようなことである。こうして，微笑はコミュニケーションの道具となり積極的に使われるようになるのである。

　(b)　愛着行動

　生後半年を過ぎる頃になると，乳児は母親とそれ以外の人間を明らかに区別していると思われるような行動をとるようになる。母親以外の人が近づくと，恐れの表情を示し，顔を隠したり，泣きだしたり(人見知り)する。また，それまでは母親が自分の視界から消えても比較的平気であったのが，非常な不安に陥って捜し回り(分離不安)，再び母親が戻ると安堵して抱きつく。これは，乳

4. 発達の概要

表 I-4-2　ストレンジ・シチュエーションの各エピソードの要約

エピソード	人員構成	時間	行動の記述
1	母, 乳児, 実験者	30秒	実験者は母親と乳児を実験室に導入し, 部屋を出る。
2	母, 乳児	3分	乳児が探索する間母親はかかわらない。必要なら, 2分経過後遊びを促す。
3	ストレンジャー, 母, 乳児	3分	ストレンジャー入室。0分台：ストレンジャー静かにしている。1分台：ストレンジャー母親と会話。2分台：ストレンジャー乳児に接近。3分後, 母親は目立たぬように退室。
4	ストレンジャー, 乳児	3分かそれ以下	第1分離エピソード。ストレンジャーの行動は乳児のそれに適応させる。
5	母, 乳児	3分かそれ以下	第1再会エピソード。母親は挨拶し, 必要なら乳児をなだめ, 再び遊びに戻るようにする。母親は再び, さよならを言って退室。
6	乳児のみ	3分かそれ以下	第2分離エピソード。
7	ストレンジャー, 乳児	3分かそれ以下	第2分離に続いて, ストレンジャーが入室しその行動は子どもの行動に適応させる。
8	母, 乳児	3分	第2再会エピソード。母親は入室し, 乳児に挨拶し, 抱き上げる。一方ストレンジャーは目立つように退室。

出典：三宅和夫編著　1991　乳幼児の人格形成と母子関係　東京大学出版会

児が母親とのあいだに, 強い愛情の絆を形成していることの現れである。母親は, 乳児の身近にいて最も頻繁に, 生理的・社会的な快刺激を乳児に与え, 相互交渉をおこなう人物である。このようにして, 特定の養育者とのあいだに結ばれる強い情緒的な絆のことをイギリスの精神分析学者ボウルビィ（Bowlby, J.）は**アタッチメント**（attachment）と呼んだ。日本語では「愛着」と訳されることが多い。愛着の対象となるのは母親が多いけれど, 必ずしも母親である必要はない。父親の場合もあるし, 血のつながりがなくても, 身近で親身に世話をしてくれる相手に対しては愛着が形成される。また, 双子のきょうだいがお互いを愛着の対象とした例や, 兄や姉が対象になることもある。いずれにしても発達初期に適切な愛着関係を経験することは, 後の対人行動の形成の基礎となると考える研究者も多い。

　愛着の形成が重要であるということが指摘されたことで, 分離不安を観察することにより, 乳児の愛着行動の発達を検討した研究が生まれた。エインズワ

表 I-4-3　ストレンジ・シチュエーションによる A, B, C 分類の比較

	A	B	C	N
アメリカ（Ainsworth ら）	20%	65%	13%	106
日本（コーホート1）	−	64%	21%	28
日本（コーホート2）	−	76%	20%	29
西ドイツ（ビーレフェルト）	49%	33%	12%	49
西ドイツ（レーゲンスブルク）	43%	45%	4%	44
スウェーデン（Lamb ら）	22%	75%	4%	51
オランダ（van IJzendorn ら）	24%	56%	4%	136

注：A, B, C 分類にあてはまらぬ子どもがある場合，A, B, C の計が100%に満たない。
　Aタイプ：回避型。母親の消失，出現への反応少。母親の存在に対し無関心。母親の接近や接触に対しそれを回避。
　Bタイプ：安定型。母親がいれば積極的な探索行動。母親の出現に喜びを表出。母親とストレンジャーへの反応に明確な違い。
　Cタイプ：抵抗型。母親へのアンビバレントな行動。再会時に接近や接触を求める一方で，機嫌が直らないなどの不安定な愛着。
出典：三宅和夫編著　1991　乳幼児の人格形成と母子関係　東京大学出版会

ース(Ainsworth, M.)のストレンジ・シチュエーション法が有名である(表 I-4-2参照)。乳児は生後半年頃までに明確になってきた愛着の対象に寄せる信頼感や愛情を，その後1歳半頃までの期間をかけて，より確固としたものにしてゆく。なお，愛着行動に文化差がみられるかもしれないということで，表 I-4-3のような比較研究もおこなわれている。

(4) 言語の発達（前言語段階と初語の獲得）

　私たちは，言葉を駆使して物事について思考し，表現する。また，他者とのコミュニケーションは言語にその多くを依存している。生まれたばかりの赤ん坊は叫び声や泣き声が主で，言葉を話すことも理解することもできないが，生後約1年半から2年のあいだに，身の回りの物の名や身近な人の名，簡単な指示(〜を持っておいで，など)を理解するようになり，また自分からさまざまな言葉を発するというように，急激な発達的変化をみせる。

　新生児が生後しばらくのあいだ発するのは，叫喚音と呼ばれる，主として不快な状態のときの音声である。だが，1カ月ほどたつと，機嫌の良いときを中

心に，叫喚音とは異なる，穏やかな弱くつぶやくような発声が出てくる（bababa とか manmanman などの口唇音が多い）。この発声を**喃語**と呼ぶ。喃語の最盛期は 7 ～ 8 カ月頃である。喃語自体にはまだ意味はないが，そばに母親がいるときとか，喃語に対して大人が声で応答すると，発生量が増えるという観察がある。また，喃語に含まれる調音は万国共通で，母国語に影響されていないことも知られている。

 生後 9 カ月頃になると，音声模倣が始まり，また，音声や動作（手や身体の動き，微笑，視線など）で意思や要求を回りの人間に伝えようとするようになってくる。いわゆる有意味語によるコミュニケーションをおこなうようになる前段階であるが，この時期は非常に重要である。生後 3 ～ 4 カ月頃に，すでに乳児は母親の指さす方向や，母親が見つめている方向に自分の視線も向けるということが観察されているが，このとき「相手（母親）」と「自分」そして「この二者が共有する事象や感情体験（母と自分が見つめている物）」という三者の関係（**三項関係**という）を意識し始めているといえる。この三項関係が生後 9 カ月頃にしっかりと成立し，乳児はこの関係のなかで，今度は音声と意味を結びつけていくのである。

 特定の音声を特定の意味と結びつけるということは，「意味するもの」と「意味されるもの」との関係を理解するということである。このように，言語のもつ象徴機能というものが認識されることにより，他者からの言語による指示内容に沿った行動をとることができ，また，いわゆる**初語**が聞かれるようにもなる。個人差があるが，おおよそ 1 歳から 1 歳半の頃である。

4-2 幼児期の発達の特徴

 1 歳半頃から就学までの時期を幼児期という。この時期，幼児は自立心が芽生え，活発に行動するようになる。幼児期が終わる頃にはひと通りの運動技能を獲得し，言語面でも日常生活レベルなら，理解も表出もほとんど不自由がな

くなる。また，乳児期には親子関係が主であった対人関係が，同年齢集団への参加という形で，広がっていく。それに平行して，基本的生活習慣や社会的なルールを学んでいくことにより，社会化が進んでいく。

(1) 運動発達

幼児期の運動発達の大きな特徴は，自分で身体の動きをコントロールできるようになり，いろいろな動きを組み合わせた複雑な動きや，身体の各部を協応させて動作をおこなうといった，高次の運動機能の発達がみられることである。

具体的には2歳から3歳にかけて「走る」「両足で跳ぶ」といったことが可能になり，3歳頃から投げる，蹴る，階段の昇降，片足飛び，ケンケンなどもできるようになり，ジャングルジムに素早くよじ登ったり，鉄棒にぶら下がったりする。4歳になると，スキップや片足立ち(10秒程度)，縄跳びをするようになり，5歳ではこうした種々の運動がより円滑にできるまで上達する。以上のように，成人のもつ基本的な運動技能のほとんどがこの時期に出現し，発達するとされている。

手指を使う微細運動についても同様で，幼児期を通じてより精緻な操作ができるようになる。1歳半頃には親指と人指し指で，小さな積み木を3個積み上げることや絵本のページをめくることができる。2歳になると，キャンディの包みをむくとか，小さな積み木を7～8個程度積む，一人で靴下を脱ぐなどができるようになる。3歳では○が書け，紙を折ったり，ハサミで切るようになり，握り箸で食べるようになる。4歳では十字や四角・三角が書けるようになり，ボタンをかけることや箸の使い方も上達する。5～6歳になると，自発的に文字を書き出す子どもが多い。

(2) 基本的生活習慣

基本的生活習慣とは，日常生活上の基本的な習慣のことで，食事，睡眠，排

4．発達の概要

表 I-4-4　基本的生活習慣自立の標準年齢

年齢（歳：月）	食事	睡眠	排泄	着眼点	清潔
1：0	スプーンの使用，茶碗を持って飲む		排便を知らせる		
1：6			便意を予告		
2：0				一人で脱ごうとする，ソックスをはく	
2：6	スプーンと茶碗を両手で使う，食事の挨拶をする		夜のおむつが不要	靴をはく，一人で着ようとする	手を洗う
3：0	はしを使用，大体こぼさない				
3：6	完全に自立	昼寝の終止	小便の自立	靴下をはく，パンツをはく	
4：0		寝る時に挨拶をする	大便の自立，夢中そそうをしなくなる	帽子をかぶる，前のボタンをかける，両袖を通す	口をゆすぐ，うがい，歯みがき，顔を洗う，鼻をかむ
4：6			大便の完全自立（紙の使用）	一人で脱ぐ	
5：0		寝巻に着替える		ひもを堅結びする	髪をとかす 入浴時自分で洗う
6：0				一人で全部着る	

資料：山下俊郎『改訂新版保母養成講座第3巻児童心理学』全国社会福祉協議会　1987年
出典：新・保母養成講座編纂委員会編　児童心理学　1991　社会福祉法人全国社会福祉協議会

50　I部　発達

泄に関すること，衣服の着脱，清潔を保つことなどがその主な内容である。表 I-4-4 は，これらの習慣の自立過程を示したものである。

基本的生活習慣を身につけるということは，子どもが属する社会の価値観や文化を自分の行動の基準として取り入れるということである。そしてこれは，親を始めとする身近な大人からの直接的な指導(しつけ)や，子ども自身の観察学習によってなされるものである。一般的には，1歳半過ぎ頃から，食事のときに，スプーン等を使って自分で食べたがるようになる。次の項で述べる自我の発達とも関連するが，「自分でやりたい」という意思表示を子どもが示しはじめたときから，子どもの意思を尊重しながらも望ましい行動形態を教えるという「しつけ」が始まるといえる。基本的な生活習慣は，領域により時期的なずれはあるが，就学前までにはおおよそ確立する。

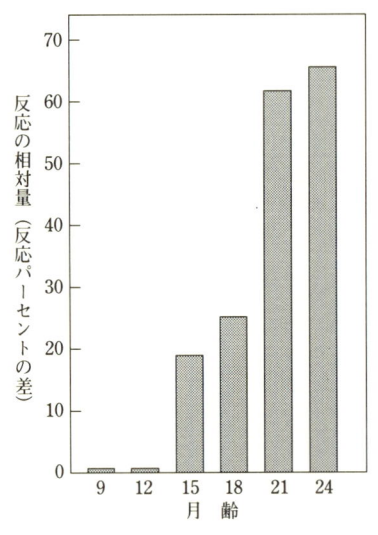

注：鼻になにもつけていない場合と，つけた場合との，鼻にさわるパーセントの差
出典：Lewis, M., & Brooks-Gunn, J. 1979 *Social cognition and the acquisition of self.* Plenum.
図 I-4-6　鏡像を見ての鼻の紅染料にさわる割合

(3) 自己意識の発達

子どもはいつ頃から，どのようにして自分自身を意識するようになるのだろうか。鏡に映る自己像に対する反応を観察するという方法で，自己意識の発達を検討した研究がある。ルイスら(Lewis, M. & Brooks-Gunn, J., 1979)は，気づかないうちに鼻に赤い染料を塗られた乳幼児が，鏡で自分の顔を見たとき，赤い染料に気づいて「自分自身の鼻」を触るかどうかをみた。結果は図 I-4-6 のようで，1歳

を過ぎた頃から鼻を触る行動が増加しているのがわかる。

　すでに乳児期に鏡を媒介して自己の認識が生じているわけだが，「〜ちゃんはどこ？」と聞かれて鏡の中の自分を正しく指させるようになるのは，2歳半から3歳頃であるという。また，子どもにとって自分の名前は幾度となく呼ばれるものだが，「名前」が「自分」と関係があることがわかるのは，言語の象徴機能を理解しはじめる1歳半前後からである。しかし，自分の名前を呼ばれたときにのみ正しく返事ができるようになるのは平均的には2歳過ぎであるとされており，以上のことから，自己意識が明確なものになってくるのは2歳半から3歳前後であることがわかる。

　この時期は，一般に「第一反抗期」と呼ばれる。程度の個人差はあるが，親やまわりの大人に対して，何か言われると「いや！」と抵抗することが多くなるのである。しかしこれは，幼児が自分なりの要求や意思をもち，それを相手に対して主張（自己主張）する姿にほかならない。またこの時期は親によるしつけが本格化しはじめることから，幼児は親の要求と自分自身の意思とのあいだで，初めて親子間の葛藤を経験することにもなる。

　柏木（1988）は，幼稚園教諭へのアンケート調査をもとに，幼児の自己主張および自己抑制（自分の要求・意思を抑え我慢すること）がどのように発達的に変化するかを調べた（図Ⅰ-4-7参照）。

　これをみると，自己主張・自己抑制ともに，年齢の上昇にともなって増加する傾向にある。しかし，自己主張が4歳半頃をピークにその後はそれほどの増加を見せない（一定の水準を保つ）のに対し，自己抑制の方は6歳以降も上昇を続けている。また，一貫して女児のほうが自己抑制度が高いこともわかる。4〜5歳になると，遊びも仲間と共同して複雑なルールや役割分担を含んだものへと変化してくる。そのなかで，集団の一員であることを持続させるためには自己主張のみの存在ではだめで，自分を抑え，他と協調することが必要になってくる。その意味では，子どもは対人関係のなかで，自己コントロールを学んでいくといえよう。

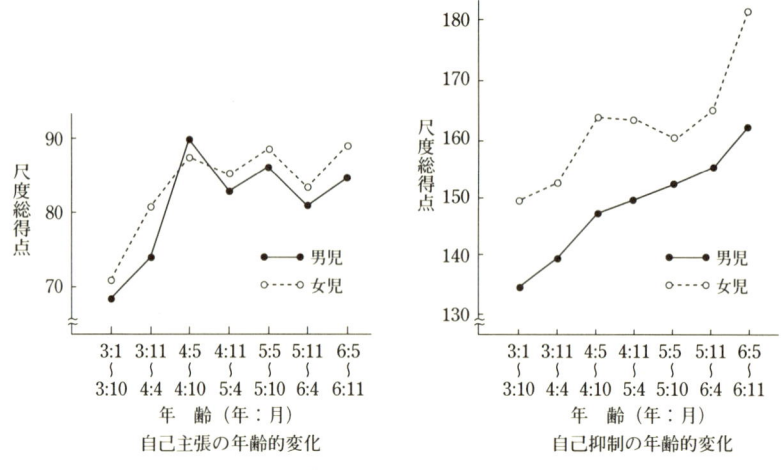

出典：柏木惠子　1988　幼児期における「自己」の発達　東京大学出版会

図Ⅰ-4-7　自己主張と抑制

(4) 認知の発達

幼児期は、ピアジェの発達段階の前操作期にあたる。この時期の認知・思考の特徴を以下に述べる。

① 中心化（centration）

事物の目立つ特性ないしは一側面のみに注意が集中し、その他の部分を無視してしまうことをいう。中心化にしばられた思考をピアジェは直観的思考と呼び、「保存課題の実験」を例にあげている。これは、図Ⅰ-4-8のように形も大きさも同じコップA、Bに同量の水が入っていることを確認した後、Bを細くて背の高い容器Cに移し替え、Aとの比較をさせる。すると、この時期の幼児は水面の見かけの位置への中心化をしてしまい、目立たない表面積については無視してしまってAのほうが水の量が多い、と答えるのである。

② 自己中心性（egocentrisme）

幼児は自分の視点や立場を中心化してしまい、他者の立場や視点に立って物事をみることが難しい。そのため、自分が見ているもの、自分が経験したこと

（数の保存）　　　　　　　（量の保存）

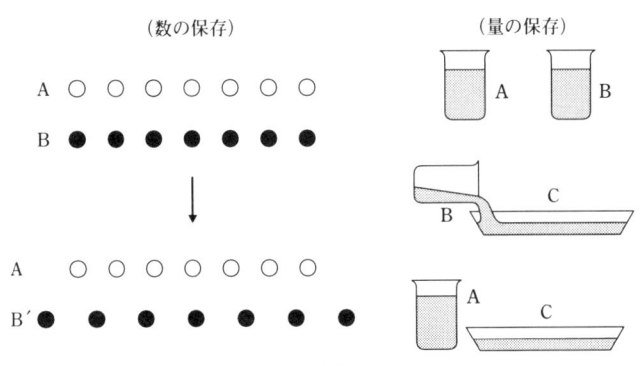

出典：岡本夏木　1991　児童心理　岩波書店
図Ⅰ-4-8　「保存」課題

はそのまま他者の見ているものや経験であると考えてしまう。こうした状況をピアジェは「自己中心性」と呼び，ピアジェら(1950)の「3つ山の実験」が有名である。これは，図Ⅰ-4-9のような模型を用意し，幼児をAの場所にすわらせる。そして，B, C, Dの位置に人形を置き，人形からはどのような景色が見えると思うかを，10枚の絵のなかから選ばせる。すると，この時期の幼児は，自分から見える景色を選んでしまうのである。

③　アニミズム(animism)

幼児の絵には，しばしば目・鼻・口が書き込まれ，笑ったり泣いたりしている花や太陽が見受けられる。また，物が倒れているのを見て「～がころんじゃった」「～がねんねしてる」などの表現をすることがある。このように無生物を表情や情緒をもったものとしてとらえることを，ウェルナーは相貌的知覚と呼んだ。さらに，アニミズムとは，物が生命をもち，精神や意識をそなえてい

表Ⅰ-4-5　アニミズムの段階

段　階	年　齢	特　徴
第1段階	4～6歳	すべてのものに意識がある
第2段階	6～8歳	動くものはすべて意識がある
第3段階	8～11歳	自力で動くものだけに意識がある
第4段階	11歳以後	動物だけに意識がある

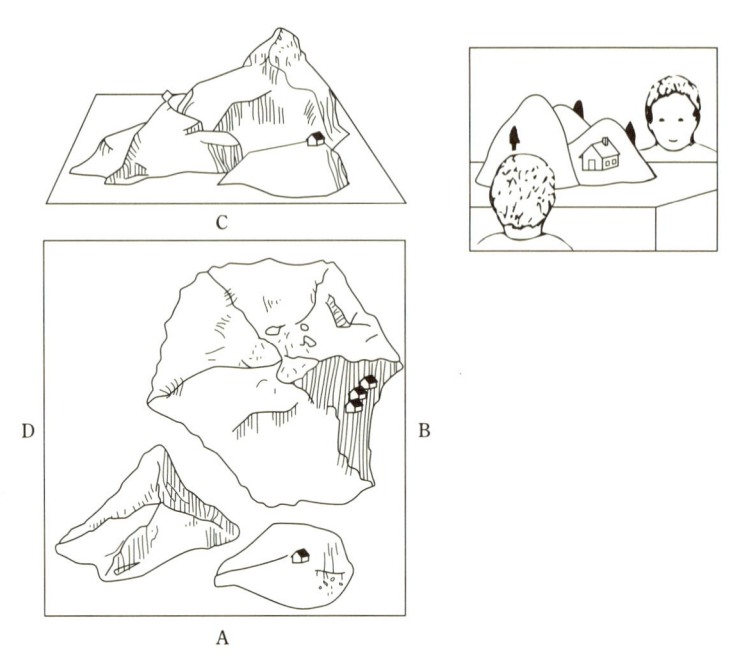

出典：石井澄生・松田淳之助編著　1988　発達心理学　ミネルヴァ書房
図 I-4-9　「3つの山の上の問題」

ると考える現象のことをさし，ピアジェは表 I-4-5のような発達段階を仮定した。

(5) 言語の発達

(a) 言語獲得の過程

1歳前半に初語が出現すると，その後の数年間のあいだに，所持する語彙数は数千語に増加する。語彙数の急激な増加以外に，幼児期には，文法を使って文を話すようになるという大きな成長がある。

初語からしばらくのあいだ(1歳代)は，子どもの発語は単語中心のものであるが，この単語は文としての意味内容をもっているという特徴がある。たとえば「ワンワン」と幼児が犬を指さして言った場合，ワンワンという語で「ワン

ワンがいた」という文章内容を表現しているのである。よって，この時期の一語発話を**一語文**と呼んでいる。

　幼児期に入ると，発語は一語文から二語文へと移行してくる。「ワンワン」だけであったのが「ワンワン　イタ」と言うようになるのである。ただし，最初は電文体のように助詞が脱落していることが多い。2歳頃からは3語以上を使用する構文(多語文と呼ぶ)を使いはじめ，2歳半頃には「～だから～だ」といった従属文も使うようになる。3歳から4歳にかけて，ほぼすべての種類の助詞が使えるようになる。このように，幼児は短時間のうちに文法を理解し，自ら使えるようになっていくのであるが，そのメカニズムについては，まだほとんど解明されてはいない。チョムスキー(Chomsky, N., 1957)は，人間はもともと**言語獲得装置**(Language Aquisition Device＝LAD)を生得的に備えており，周囲から話しかけられる言語のもつ文法規則を自動的に生産することができるのだという仮説を立てた。しかし，科学的な証明はなされてはいない。

　また，構音(口腔器官を使って音をつくり出すこと)も幼児期初期は未熟で，不正構音が目立つことがあるが，6歳頃にはほぼすべての音が明瞭に発音できるようになる。

　コミュニケーションの道具としての言語の使用も，幼児期からはさらに大きくなってくる。乳児期の前言語的なやり取りが，純粋に言語でのやり取りへと変わってくる。ただし，2歳代は交互に聞く役と話す役を交換する会話はスムーズにいかず，一往復程度のやりとりで終わることが多い。2歳半頃から「どうして」「なんで」という質問が多くなり，3歳台になるといわゆる「会話」が可能になってくる。

(b)　**内言と外言**

　幼児の様子を観察していると，ひとり言をいいながら遊んでいることがよくある。このひとり言についても議論がある。まず，ピアジェ(1923)は，ひとり言を自己中心性の現れであると解した。つまり，ひとり言は自分からの一方的な発話で，それを相手がどのように理解するかといったことを無視した，伝達

の意味をもたない未熟な発話であるとしたのである。一方で，ヴィゴツキー(Vygotsky, L. S., 1934)は，ひとり言を，相手への伝達を目的とする社会的言語(**外言**)が，思考のために頭のなかだけで操作される言語(**内言**)へと移行する過程で見られる現象であるとした。つまり，幼児はまだ未熟であるため，頭のなかの思考のプロセスをそのまま口に出して言ってしまっているというのである。思考は言語と切り離すことはできない。その意味で，ヴィゴツキーの考え方は示唆に富むものであり，のちにピアジェもヴィゴツキーの考え方を取り入れている。

(6) 対人行動の発達（遊びの発達）

幼児期になると，それまでの親子関係や愛着関係を土台に，子どもは家族だけでなく，近隣社会へと人間関係の幅を広げていく。近年では，多くの子どもが就学までに3年以上の保育園や幼稚園生活を送っているが，このように同年齢の子ども集団に入り，さまざまな対人経験を積みながら社会性を養うことが，幼児期の発達課題でもある。

さて，幼児の生活の大部分を占めるのは「遊び」であるといっても過言ではないだろう。遊びは，本来遊ぶこと自体が満足や快感を引き起こすもので，大人に強制されてするのではなく，内発的な動機づけのもとにおこなわれるものである。また，いつ，どこで，何をどのように使い，誰と遊ぶかなど，子ども自身が自由に決めることができる。また，遊びはそれをしないからといって，とくに生命や健康の維持に支障があるわけではなく，子どもの生活と切り離せないものではあるけれども，ゆとりの部分の行動でもある。

図Ⅰ-4-10は，パーテン(Parten, M. B., 1932)が他者とのやり取りに焦点をあてておこなった幼児の行動観察から得た遊びの型を表したものである。「傍観」は他児が遊んでいるのを見ていることである。自分がそのなかへ加わることはないが，時おり他児に声をかけたりして，見て楽しんでいる状態をさす。「ひとり遊び」は他児とはかかわりをもとうとせず，他児のしていることにも関心

をもたずに，好みの玩具などでひとりで遊びに熱中する。「平行遊び」とは自分だけで遊ぶのだが，「ひとり遊び」と異なるのは，まわりにいる他児も同じような遊びをしているということである。しかし，お互いの干渉や物の貸し借りなどのやり取りはみられない。「連合遊び」になると，他児と一緒に同じ活動をおこない，会話や物の貸し借りなどのやり取りも多くなる。しかし，遊びの内容は組織だったものではなく，役割分担やルールもあまりみられない。「協同遊び」は，「連合遊び」がさらに成長したものといえる。子どもたちにはそれぞれ役割があって，分業的な動きをする。また，遊びの内容も，目的・ストーリーをもったものへと変化してくるし，リーダー的な存在の子どもが全体の指揮をとったりもする。図Ⅰ-4-10からは，3歳を過ぎた頃から連合遊びや協同遊びの割合が高くなることがわかる。

　他児と遊ぶ，さらに集団生活をするようになるということは，母親からの一種の自立(母子分離)をともなうが，これはいきなりできるようになるわけではない。乳児期の愛着形成が土台にあって，母親が乳児の「安全基地」となっているときには，母子分離が比較的スムーズに運ぶ。しかし，幼児にまだその準備ができていないときなどには「母子分離不安」が生じ，母親からなかなか離れられなかったり，集団生活になじめないことがある。

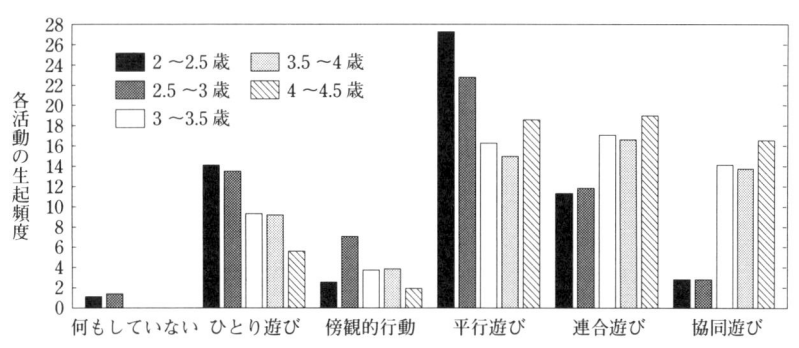

出典：Parten, M. B. 1932 Social participation among pre-school children. *Journal of Abnormal and Social Psychology*, 27.

図Ⅰ-4-10　仲間関係からみた遊びの類型と年齢的発展

(7) パーソナリティの発達

現在,個人のパーソナリティを決める要因としては遺伝要因と環境要因が相互作用的にかかわっていると考えるのが一般的であるが,最近の新生児・乳児の研究からは乳児に生まれつきの気質のタイプがあることが見いだされている(表Ⅰ-4-6)。

しかし一方で子どもが育つ家庭での環境や経験要因を無視することはできない。無数にある環境・経験要因のなかで,親の育児態度と子どものパーソナリティの関係を取り上げた研究は従来から数多い。マッコービィとマーティン(Maccoby, E. E. & Martin, J. A., 1983)が過去の因子分析的研究を概観して,親の育児態度の主要な次元を図Ⅰ-4-11のようにまとめている。多くの研究が,親の育児態度として,子どもの行動を厳しくコントロールするか否かという次元と,子どもの気持ちや行動に対し受容的か否かという次元を抽出しており,2つの次元の組み合わせから典型的な親の育児態度(保護型・溺愛型・権威主義型・放任型)が示されている。このうち,保護型の親の元では,子どもは自律的で適度な自己主張と自己統制ができるようになるが,溺愛型では,自立性は乏しくなり,衝動的・わがままである。また,権威主義の育児態度下では服従的・依存的だが不満や敵意をもちやすく,社会性が未熟,放任型では攻撃的で

表Ⅰ-4-6 乳児にみられる気質の3つの型

子どものタイプ	性格特徴				人数のパーセンテージ
	摂食・睡眠・排泄の規則性	接近的か退避的か(新しい対象あるいは人に対して)	反応強度	気分(明るく友好的か不快で非友好的か)	
扱いやすい子ども	きわめて規則的	積極的に接近	弱ないし中性	肯定的	40
じっくり型の子ども	一定せず	部分的に退避	弱	やや否定的	15
扱いにくい子ども	不規則	退避	強	否定的	10

出典:村田孝次 1990 三訂版児童心理学入門 培風館

4. 発達の概要   59

```
                    強いコントロール
                         │
         権威主義, 厳格   │   保護
            (C)         │   (A)
                         │
  非受容的 ───────────────┼─────────────── 受容的
                         │
         無関心, 放任     │   溺愛, 甘やかし
            (D)         │   (B)
                         │
                    弱いコントロール
```

出典：川上清文・内藤俊史・藤谷智子 1990 図説乳幼児発達心理学
同文書院（Maccoby, E. E. & Martin, J. A., 1983をもとに作成）

図 I-4-11　親の育児態度の次元と類型

情緒不安定, 劣等感をもちやすいというように親の態度に対応して形成されやすい子どものパーソナリティがあげられている。

　こうした結果は, しかし, 解釈に注意すべきである。前述したように, 子どもの発達に関与する要因は親の態度以外にも数多くあり, パーソナリティの形成に親の態度のみが影響を及ぼすとはいえないからである。それと, たとえば「気難しいタイプ」の乳児の場合, 親の働きかけに対し, 乳児から必ずしも望ましい反応が返ってこないことで親が育児に自信を失って, その結果働きかけが減少することがあるかもしれない。この場合, 親の行動は乳児の反応の質によって左右されるわけで, ある意味では自然な現象と考えられる。したがって, 親子関係はあくまでも親と子の相互交渉であるという視点を失ってはならない。

4-3　児童期の発達の特徴

　児童期は6歳から11～12歳頃までで, ほぼ小学校の時期と重なる。ほとんどの子どもが保育園・幼稚園での集団生活を経てきているが, 系統的な教科教育がおこなわれる学校という組織はそれまでの比較的自由で遊びを中心とした集団とは大きく異なる。ここに適応することは子どもにとってはそれなりの労力

を要することである。児童期は乳幼児期や青年期とくらべ，比較的安定した時期とされる。この時期には知的発達が著しく，「読む・書く・計算する」ことを中心とした学習に取り組むことが奨励される。児童期後半には論理的思考能力を獲得するに至る。社会性の面では子どもの世界は学校が中心となり，そこでの仲間関係や教師との関係が重要になる。

(1) 運動・基本的生活習慣

幼児期に培われた運動技能が児童期にはさらに上達し，さまざまな協応動作を含む運動・身のこなしが巧みになる。この頃には，運動面における個々の能力差がかなりはっきりしてくるし，また，運動への個人的な好き嫌いも明瞭になってくる。社会性の発達にともない，ルールを遵守しながら仲間と協同しておこなうスポーツ(野球やサッカー，ドッジボールなど)に関心をもち，楽しむようにもなる。

(2) 認知の発達

児童期の前半は，ピアジェによる認知発達段階の具体的操作期に，後半は形式的操作期に相当する。まず，児童期前半，具体的操作期の特徴であるが，この時期にはさまざまな論理操作が可能になるけれど，その対象は具体物や現実に沿った事柄に限られる。以下に代表的な例をあげる。

(a) 児童期の前半の認知発達

① 保存概念の獲得

前節でも若干説明したが，幼児期にはまだ保存の概念が成立しておらず，見かけ上目立つ部分にのみ注目することによる誤りが特徴的である。しかし児童期になると，「AからBへ移しても，またBからAへ移せば元通りになる」という逆操作の可逆性，「Cは背は高いけれどもその分細いから同じ」という相補操作の可逆性がわかるようになり，それにともなって，中心化に片寄りがちだったものの見方から脱出していく(脱中心化)。こうして，保存課題にも正

表Ⅰ-4-7　水平のデカラージュ

年　齢	5	6	7	8	9	10	11
物質量							
非保存	84	68	64	24	12	—	—
移行的	0	16	4	4	4	—	—
保　存	16	16	32	72	84	—	—
重　さ							
非保存	100	84	76	40	16	16	0
移行的	0	4	0	8	12	8	4
保　存	0	12	24	52	72	76	96
体　積							
非保存	100	100	88	44	56	24	16
移行的	0	0	0	28	12	20	4
保　存	0	0	12	28	32	56	80

注：数字は各年齢25名中の人数比（％）
出典：川上清文・内藤俊史・藤谷智子　1990　図説乳幼児発達心理学　同文書院

しく答えられるようになるのだが，表Ⅰ-4-7のように，物質量・重さ・体積では保存概念獲得の時期にずれがあることが知られている（水平のデカラージュ）。

② 系列化の理解

図Ⅰ-4-12は，長さの異なる棒が何本もばらばらになっているのを短いものから順に並べ替える系列化の操作の発達の様子を示したものである。幼児は「長い棒」と「短い棒」に分類することはできても，「AはBよりも長いが，Cよりは短い」というように，長さの相対的な比較をするということはまだできない。児童期になると，この関係が理解できるようになるのである。

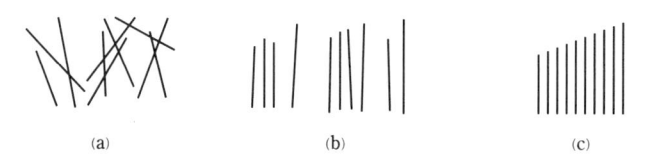

(a)　長さの異なる棒をバラバラにして渡す。
(b)　前操作期の子どもは「長い棒」と「短い棒」のようにわけてしまう。
(c)　具体的操作期になると正しく並べることができるようになる。

図Ⅰ-4-12　長さの系列化についてのピアジェの説明

色＼形	丸	星
白	○	☆
黒	●	★

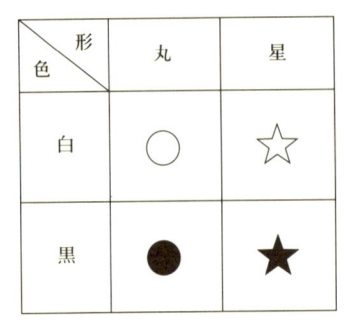

形（丸，星）と色（白，黒）を掛け合わせてできるすべての組合せを考えるのが乗法的分類の例となる。

図Ⅰ-4-13　乗法的分類の例

③　分　類

児童期には，加法的分類（集合Aと集合Bをあわせると集合Cになる，という関係を理解しておこなう分類）と乗法的分類（2つの集合が「且つ」で結び合わさるような関係を理解しておこなう分類）が可能になる。

(b)　児童期の後半の認知発達

小学校高学年から中学にかけての時期が，形式的操作期に相当する。この時期になると，現実的・具体的な事象に対してばかりでなく，仮定した事柄や抽象的な事象に対しての論理的操作も可能になる。ピアジェは以下のような論理操作をその代表的なものとしてあげている。

④　組み合わせ

図Ⅰ-4-14に示すような組み合わせの問題は，形式的操作期段階に来て初め

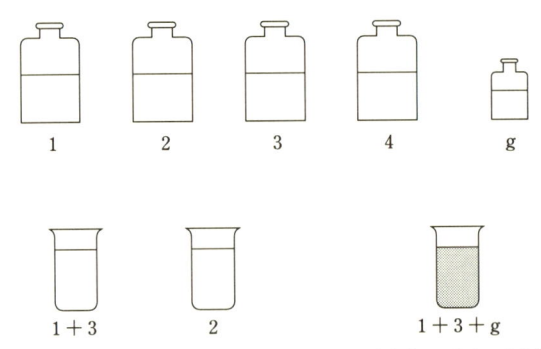

無色無臭の液体が入った4つのビンがある。1は希硫酸，2は水，3は過酸化水素水（H_2O_2），4はチオ硫酸塩である。その他に，ヨウ化カリウムの入ったgという小ビンがある。1＋3の混合液と，2の液体とを中身を知らせずに見せ，gを加えると1＋3の混合液のみ黄変する。子どもたちは，どのような場合に黄変が起きるかを調べることが求められる。

図Ⅰ-4-14　ピアジェの「化学問題」

て，系統的に考えることができるようになる。

⑤ 比例概念

たとえば，天秤の釣り合いを考える際，重りの重さと，支点からの距離についてA：B＝C：Dの関係式を理解することが必要である。

⑥ 関連要因の分析

図Ⅰ-4-15に示すような振り子の課題が代表的である。振り子の振動数がどんな要因によって決まるかを見つけるためには，1つの要因（たとえば重りの数）のみを変化させ，その他の要因（ひもの長さ，振り子を離す高さ，離すときの力の入れ方等）は変化させないで比較・分析していくことが必要だが，形式的操作期以前の子どもは，一度に2つ以上の要因を変化させてしまうことが多い。

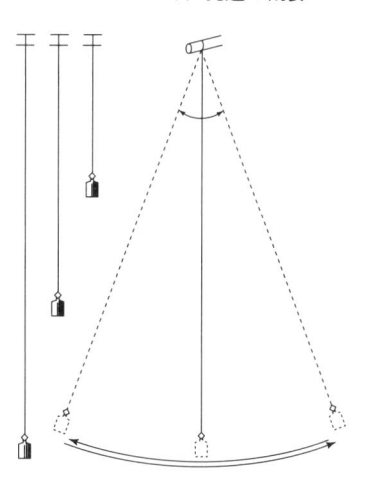

重りの重さ，ひもの長さ，重りを投下する位置，重りを投下するときの力の入れ方の4要因のうち，振り子の振動数を決定している要因を実験的に発見する課題。
出典：大村彰道編　1996　教育心理学Ⅰ―発達と学習の心理学―東京大学出版会

図Ⅰ-4-15　ピアジェの「振り子課題」

(3) 対人関係の発達

児童期は，学校というそれまでにない組織性をもった集団に入り，教育を受けると同時に多くの仲間との集団生活が始まる時期である。したがって，児童期は幼児期にほぼ確立した基本的な生活習慣を土台にして，集団の規範の理解，集団生活をおこなううえでの基本的なルールを身につけていく時期である。

前にも述べたように，児童期には学校生活のなかでの対人関係の比重が増し，子どもはそのなかで自らの対人行動の範囲を広げ，さまざまな対人コミュ

64　I部　発　達

図I-4-16　PAT図版による愛着の型の変化

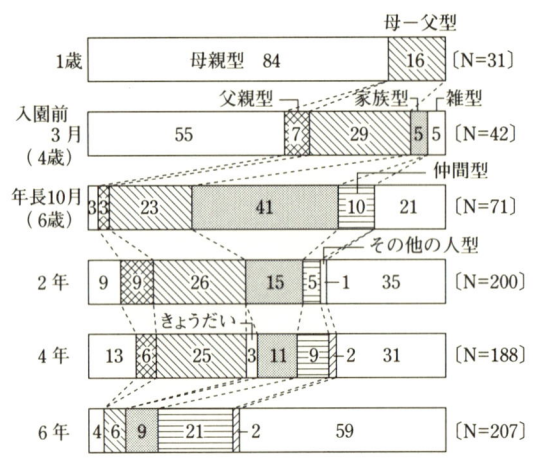

出典：髙橋惠子　1983　対人関係　三宅和夫他編　児童心理学ハンドブック　金子書房

ニケーションのルールを学んでいく。「誰と一緒に遊びたいか」という質問に対して，小学校低学年では，家が近いとか幼稚園が一緒だったなど物理的な要因があげられる傾向が強いが，中・高学年になるにつれ，性格や能力をその理由にあげる率が高まってくる。

　髙橋(1983)も，乳児から小学6年生までの子どもにPAT図版を用いて「誰と一緒に遊びたいか」という質問をし，愛着対象の発達的変化をみている(図I-4-16)。すると，4年生以後は，「仲間」を第1にあげるものが多くなる。また，低学年では友達とは，単に一緒に遊ぶ相手であったのが，4年生，6年生では「悲しいときに一緒にいてほしい」というように，より深い精神的な結びつきのある相手へと変化してくる。

　一方で児童期は，仲間と集団で遊び，行動することで集団への帰属意識をもち，規範を意識する時期である。集団の一員としての位置を維持すると同時にそのなかで自己主張をおこなっていくための方略も，経験のなかで身につけていく。この時期の子ども集団を**ギャングエイジ**と呼ぶことがある。徒党を組ん

で，自分たちにだけ通じる合図や秘密の隠れ家を作ったり，時には，大人に禁止されているようなことをあえて集団で遂行したりもする。ところが最近は，このギャングエイジと呼ばれるにふさわしい子どもの集団があまりみられなくなったという指摘も多くなった。社会の変化のなかで，従来の価値観が崩れたり変容し，子どもの生活パターンにもそれが如実に反映されている。小学生の塾通いが一般化し，しかも最近では早期教育と銘打って，乳幼児期からの塾通いさえ珍しくなくなった。また，遊びの内容も，テレビゲームが主流になりつつあるように，大きく変化してきている。こうしたことから，放課後に集まって遊ぶといった，従来はごく普通に考えられていたことが，成り立ちにくくなっているのである。子どもたちには，仲間外れを極端に恐れるなどのデリケートさがある一方で，時間をかけて互いの内面を知り合い，深い対人関係を結ぶだけの精神的，物理的なゆとりが失われつつあるように思われる。

(4) 向社会的行動・道徳性の発達

　他者の利益になるような行動，これを**向社会的行動**という。「思いやり」とか「援助」などの言葉で表されるような行動で，こうした行動は，たとえ自己犠牲をともなうものであったとしても自発的にとられ，しかも報酬を期待してなされるものではないというところが特徴である。ただ，他者の立場に立って事態を客観的に理解し，他者の役割を自分のものとして行動することは高次の認知発達段階のものであると思われる。向社会的行動の発達についての研究ではジレンマを含む事態(他者を助けるために，自分の楽しみを犠牲にしなければならない場面など)への反応を分析する方法がよくとられる。アイゼンバーグ(1982)による小学生から高校生までを被験者にした分析(表Ⅰ-4-8)と，これにもとづき宗方・二宮(1985)が日本で追試をおこなった結果(図Ⅰ-4-17)を示す。児童期から思春期にかけ，向社会的行動の背後にある判断が認知発達とともに高次化していくことがわかる。

　しかし，向社会的行動の芽生えは，すでに乳幼児にも観察される(泣いてい

表 I-4-8　向社会的推論の段階

段階Ⅰ：快楽主義的で実際的な志向
子どもは道徳的な配慮よりも，結果が自分に役立つことに関心がある。「正しい」行動は，その行動をする人の要求や希望を満足させる手段となるような行動である。他人を助けようか助けまいかと考える際に問題となるのは，そこから自分が得るものがあるかどうか，将来お返しがあるかどうか，自分が必要としたり好きだったりする相手かどうか，ということである。
段階Ⅱ：「他人の要求」志向
子どもはたとえ他人の要求が自分の要求と矛盾するものであっても，他人の身体的・物質的・心理的な要求に関心を示す。この関心は簡単なことばで表現され，役割取得の事実ははっきりとはみられない。同情の言語的表現，罪悪感のような内面化された感情への言及もない。たとえば「あの子はお腹すいているよ」「あの女の子はあれほしいんだよ」など。
段階Ⅲ：承認と対人的志向，紋切り型の志向
良い人・悪い人，良い行動・悪い行動についての紋切り型のイメージ，他人の承認や受容を考えにいれることなどが，向社会的行動をするかどうかを正当化する場合にみられる。たとえば他の子を助けるのは，「助けるって素敵だ」「私が助けたら，あの子もっと私を好きになるわ」など。
段階Ⅳa：共感的志向
子どもの判断には，共感的反応や役割取得，他人の人間らしさについての関心，人の行為の結果についての罪悪感やプラスの感情といったことが含まれている。たとえば「彼は自分がどう感じたかわかっている」「彼女はみんなのこと思ってるの」「助けなかったら気分が悪くなる。だって痛がってるもの」など。
段階Ⅳb：移行的な段階
助けたり助けなかったりすることには，内面化された価値や規範，義務，責任，他人の権利や尊厳を守る必要などを考えることによって正当化される。しかしこうした考えは，明確で強いものとしては述べられない。内面化された自尊感情に言及したり，自分の価値に従って行動したことが述べられた場合には，たとえそれが弱いものであっても，この段階に属することを示すものとする。たとえば「ボクの習ったこと，感じたことはチョッとしたものだよ」など。
段階Ⅴ：強く内面化された段階
助けたり助けなかったりするのは，内面化された価値や規範，責任，個人的・社会的に約束した義務を果たしたいという願望，人々の尊厳や権利，平等についての信念などによることである。自尊心を保ち，自分の価値と容認されている規範とに従って行動したことについての肯定的あるいは否定的な感情も，この段階を特色づけている。段階Ⅴの推論の例は，「彼女は困っている人を助ける責任があるって感じている」「助けなかったら気分が悪くなったろうね。だって自分の価値に合ったやり方をしなかったんだからさ」など。

出典：内藤俊史　1983　道徳性　三宅和夫他編　児童心理学ハンドブック　金子書房

4. 発達の概要

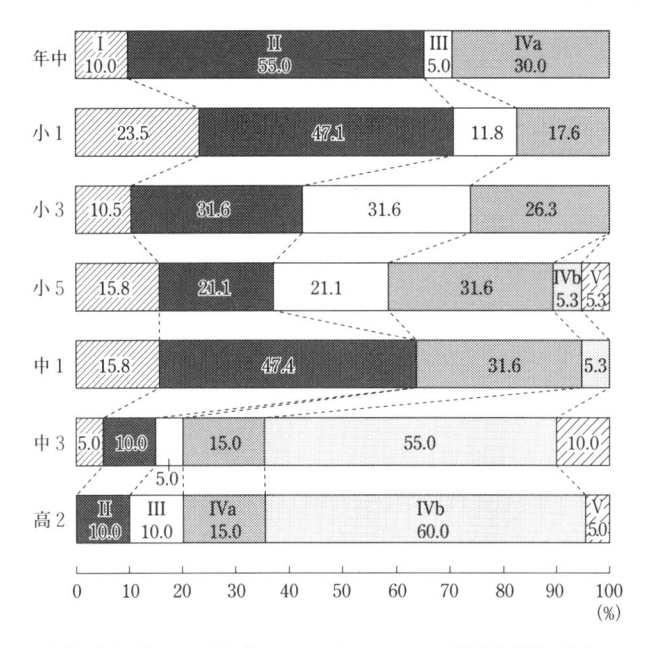

年中	I 10.0	II 55.0	III 5.0	IVa 30.0		
小1	23.5	47.1	11.8	17.6		
小3	10.5	31.6	31.6	26.3		
小5	15.8	21.1	21.1	31.6	IVb 5.3	V 5.3
中1	15.8	47.4		31.6		5.3
中3	5.0 / 10.0 / 5.0		15.0	55.0		10.0
高2	II 10.0	III 10.0	IVa 15.0		IVb 60.0	V 5.0

出典：宗方比佐子・二宮克美　1985　プロソーシャルな道徳的判断の発達
　　　教育心理学研究　33

図 I-4-17　向社会的道徳推理の発達レベルの学年別分布

る友達の側に行き頭を撫でてやる，物を運んでいるのを見て，一緒に持って運ぼうとする，など）。よって，必ずしも認知レベルのみの問題ではなく，親のしつけ，あるいはモデリングのような社会学習による向社会的行動の獲得も十分に予想できるものである。児童期は，親や教師など大人からの保護や訓育に対してあまり疑いをもたず，むしろ教えられたルール等は守るべきだと考える傾向にある。したがって，将来子どもが自分自身で適切な向社会的判断をおこなうことができるよう，大人は直接・間接を問わず，教え，モデルとなるべき行動を示すべきである。

道徳性とは，社会生活のなかでの規範や価値体系を認識し，これに沿った判断や行動をとることをいう。道徳性は，その社会で良いとされることを積極的におこなうという側面と，良くないとされることを禁止・抑制するという側面

68　I部　発　達

の双方を含む概念である。道徳性を理解し，道徳的な行動をとることは社会化の過程のなかで学習されていくわけだが，この過程についてはピアジェによる発達段階と，それをさらに前進させたコールバーグの発達段階がよく知られている。

　子どもがどのように道徳的判断をおこなっているかを調べるにも，道徳的ジレンマを含む場面への反応を分析する手法が用いられる。ピアジェは「知らずにドアをあけたとたんにドアの前に置いてあったコップを15個も割ってしまった男の子」と「母の留守中にこっそりつまみ食いをしようと棚に手を伸ばしているうちに，コップを1つ落として割ってしまった男の子」の話を対にして聞かせ，「どちらの男の子のほうが悪い子どもだろうか」と質問した。すると，6〜7歳の子どもは損害の大小に着目する傾向が強く，男の子の行為の動機・意図は判断の基準にしていないのに対し，8〜9歳以降になると，意図によって善悪の判断を下すように変化することがわかった。図I-4-18は内藤(1983)がこの研究の追試の結果をまとめたものだが，ほぼピアジェの結果を支持するものとなっている。

　コールバーグはピアジェの研究をさらに前進させ，10歳から16歳までの児童・青年に，やはり道徳的ジレンマ課題を用いた調査から表I-4-9のような発達段階を示した。最も低次の段階では，子どもにとって自分に罰が与えられることから回避できたり自分が報酬を得られることが基本的には善である(前慣習的水準)。次の段階では，他者が自分の行為や判断をどのようにみるか，というこ

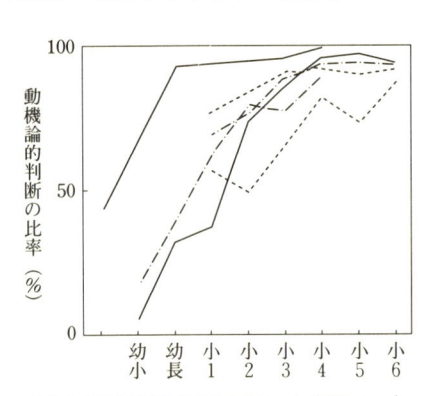

6人の研究者の実験結果をまとめたものである。全体としてほぼ一貫した結果になっている。すなわち，5〜6歳から小学4年生にかけて，動機論的判断は順調に増加しており，小学4年生あたりではほぼピークに達している。
出典：内藤俊史　1983　道徳性　三宅和夫他編　児童心理学ハンドブック　金子書房

図I-4-18　結果論的判断から動機論的判断への移行

4. 発達の概要

表 I-4-9　道徳的判断の発達段階

前慣習的水準 子どもは自己の行動の結果に方向づけられている。	段階1. 苦痛と罰を避けるために、おとなの力に譲歩し、規則に従う。
	段階2. 報酬を手に入れ、愛情の返報を受けるような仕方で行動することによって、自己の欲求の満足を求める。
慣習的水準 子どもは他者の期待、および慣習的な仕方で行為することに方向づけられている。	段階3. 他者を喜ばせ他者を助けるために〈良く〉ふるまい、それによって承認を求める。
	段階4. 権威(親・教師・神)を尊重し、社会的秩序をそれ自身のために維持することにより、〈自己の義務を果たす〉ことを求める。
後慣習的水準 子どもは、さらに抽象的な道徳的価値と自己の良心に方向づけてゆく。	段階5. 他者の権利について考える。共同体の一般的福祉、および法と多数者の意志によりつくられた標準に従う義務を考える。公平な観察者により尊重される仕方で行為する。
	段階6. 実際の法や社会の規則を考えるだけでなく、正義についてみずから選んだ標準と、人間の尊厳性への尊重を考える。自己の良心から非難を受けないような仕方で行為する。

6つの発達段階について、それぞれの特徴を要約したものである。
出典：村田孝次　三訂版児童心理学入門　1990　培風館

とを基準にするようになる(慣習的水準)。そして最後に、子どもは抽象的な道徳性の意味をとらえ(法律や規則はあくまでもその社会に規定されているもので、人の生命や人権と拮抗する場合には後者を優先することも間違いではないというように考える)、いわゆる「良心」にその道徳的判断の基準をおくようになるのである。

(5) 教師と児童

児童は学校で、仲間との対人関係のほかに、教師との対人関係を経験する。低学年、とくに1年生は学校生活に慣れることが第1であり、教師はその過程で児童を見守り、集団生活や計画的に進められる教科学習にひとりひとりが適応できていくように心配りをするという保護的な面と、学級を目標をもった集団としてまとめていくリーダーとしての役割が求められる。中学年になると、子どもたちは集団生活にも慣れ、自分たちで活動を進めるようになる。学級の

なかに，気の合う仲間同士でつくられるいくつかの小グループができ，時にはグループ同士対立したり，グループ内でのいざこざも増えてくる。だが低学年のときとは違い，子どもたちは教師の手を借りずに自分たちで独自の規範をつくり上げたり，トラブルの解決をしようとするようになってくる。この時期の子どもは，教師は自分たちのリーダーではあっても，保護一辺倒の態度ではなく，一緒に遊んだり考えたり，新しいことを面白く教えてくれる存在であることを望む。教師は子どもに密着しすぎず，しかし集団の動きをよく観察し，場合に応じて介入する必要がある。高学年は，思春期の入り口である。心身ともに変化が始まるが，個人差もまた非常に大きいので教師はさらに個々の子どもを注意深く見ていく必要がある。思春期・青年期の箇所で詳しくふれるが，自己の内面への関心もこの頃より現れてくる。また，子どもが教師をみる目も多面的なものへと変化し，教師の人間性あるいは同一視できるかどうかといった視点がはいってくる。

　近年，小学校において，子どもが落ち着かず授業が成立しない「学級崩壊」と呼ばれる現象があちこちで報告されるようになった。低学年では，教師に保護的な態度が望まれることを前述したが，こうした従来の方法が通用しなくなりつつあることもまた事実である。学級崩壊については，その原因を学校教育のシステムのありようであるとか，あるいは家庭における基本的な育児力の低下に求めるなどさまざまに論議されているが，はっきりしたことはまだわかってはいない。しかし，目まぐるしく社会機構が変化し，技術化・情報化が高度に進んだ結果，価値観が分散してしまったり，対人関係の希薄化や歪みが大人の社会でも大きな問題となっている今日，そのことが子どもの発達に関与していないとはいえない。子どもの発達は，すべてではないにせよ，時代・社会背景に少なからず影響されると考えると，学校はそうしたさまざまな問題が集積して現れる場であるかもしれない。

4-4 思春期・青年期の発達の特徴

　青年期とはいつ頃から始まって，いつ終わるのだろうか。児童期までと異なり，青年期の年齢区分については，研究者により，あるいは，時代によって必ずしも一致しない。とはいえ，従来は児童期の終わり頃，第二次性徴による身体的変化が現れる12～13歳頃から20歳前後(社会的に自立するとされる年齢)までを青年期としてみることが一般的であった。もはや子どもではなく，かといって大人(成人)でもない，境界上にある**周辺人**(marginal man)という呼称が与えられている時期でもある。ところが，世界的にみられる傾向であるが，時代とともに第二次性徴の出現時期が早まっている(発達加速現象)。その一方で，20世紀後半，欧米・日本は，それまでの工業化社会から高度情報化社会，高度技術産業社会へと社会機構を大きく変革させてきており，それまでの比較的単純な社会構造が複雑化し，社会的に自立した大人になることが簡単ではなくなりつつある。したがって，このような社会に適応するための技術や知識を身につけるために長期間にわたり教育を受ける者の割合も増加した。つまり，従来いわれていた青年期が，近年では長期化しており，11～12歳頃より30歳頃までを想定するのが妥当となりつつある。

　長期化した青年期を，さらにいくつかの下位段階に分けてみることができる。表Ⅰ-4-10は，ブロス(Blos, P., 1962)を参考に，下山(1995)がまとめた思春期・青年期の発達区分と発達課題である。本書では11～12歳頃より18歳頃までを思春期，20歳代後半までを青年期とする。

(1) 身体的発育と第二次性徴

　身体の発育は，ほぼ20歳頃まで続くが，そのなかでも乳幼児期は身長・体重が急激に伸び(第一発育急進期)，続く児童期は伸びとしては比較的ゆるやか，そして再び質量ともに急激な変化の始まる思春期・青年期(第二発育急進期)がやってくる。そして青年期の後半に入る頃に身体の発育はほぼ安定し，身長・

表I-4-10　思春期・青年期の下位段階の発達課題

児童期	前青年期 Pre Adolescence （10〜11歳）	〈性〉両性的構え，性的好奇心の発現 〈親〉依存的関係の中で親への反発 〈友人〉同性集団への帰属，遊び仲間的かかわり 〈自我〉未分化であるが，青年期に向かっての基礎固め
思春期	青年期前期 Early Adolescence （11〜14歳）	〈性〉性衝動，第二次性徴の発現とそれへの対応（cf. とまどい，罪悪感） 〈親〉親からの分離の始まり，親との間に距離を取り始める，反抗（cf. 分離不安，抑うつ感） 〈友人〉同性の仲間との親密で理想化された友情の高まり，異性への興味（cf. 反動形成），騒々しい異性への接近 〈自我〉価値，自我理想への手探り
	青年期中期I Middle Adolescence I （14〜16歳）	〈性〉第二次性徴，性衝動に対する一定の対応，防衛機制の形成（cf. 行動化），性器衝動の高まり 〈親〉親からの分離がすすむ，親に対する批判，家庭外での対象関係の形成 〈友人〉対人関係の模索と拡大（cf. 不安定な対象関係と自我境界→ひきこもり，内閉的空想），異性への関心と交流，異性の理想化，空想的愛 〈自我〉内的体験の追求，役割実験，空想的自己模索（cf. 知性化）
	青年期中期II Middle Adolescence II （16〜18歳）	〈性〉防衛機制の安定，適応的防衛機制の形成 〈親〉親からの精神的独立，親との対決，親の客観的評価 〈友人〉対人関係の深まりと安定，異性との現実的な交流，異性愛対象の発見 〈自我〉現実吟味の増大，社会意識の増大，性役割の形成 ◎社会的自己限定の開始，将来への見通しをもつこと〔＝進路決定〕
青年期	青年期後期 Late Adolescence （18〜22歳）	〈性〉自我親和的な性の体制化，愛情関係のタイプの確立 〈親〉親との対話 〈友人〉社会的交友の広がり，異性との親密な関係 〈自我〉自我同一性の確立，生活史を通しての連続性と同一性 ◎自己実現のための一定の職業選択（cf. アイデンティティの拡散）
	若い成人期 Young Adult （後青年期： Post Adolescence） （22〜30歳）	〈性〉親密性の形成，結婚，家庭の形成 〈親〉親との和解，親になること 〈友人〉社会的レベルでの親密性の形成 〈自我〉社会的役割の安定 ◎選択された枠内での自己実現

注1．中期をさらにIとIIに分けた。Iの特色が，空想的実験的であるのに対して，IIでは現実性や社会性が出てくる。
　2．（cf.）内の内容は，その段階の課題達成に失敗したときに陥る可能性のある状態である。
出典：下山晴彦編　1998　教育心理学II　発達と臨床援助の心理学　東京大学出版会

4. 発達の概要

体重の伸びも止まるのである。

(a) 身体発達と運動発達

男子では，身長・体重とも11歳頃から急激に年間発育量が増加し，13歳頃にピークに達し，その後は増加はゆるやかになる。女子は男子よりもピークに達する時期が平均して2年ほど早く，発育完了も同様に男子より早い（女子の早熟性）。また，体型も，手足が短く頭と胴の割合の大きい子どもの体型から，大人型へと変化する。身体がこのように大きくしっかりしてくると，それにともなって運動能力も発達する。敏捷性，瞬発力，筋力，柔軟性，持久性を測定する運動能力調査によると，男女とも体力のピークは19歳頃である。しかし，このような調査を過去10年ごとに比較してみると，体力は1960年代から1980年代にかけては成績が上昇しているが，1990年代に入るとそれまでよりも低下をみせ，運動能力も1970年代以降は低下しているという。先進諸国に共通することとして，栄養状態が良くなった反面，機械化等により直接身体を使って労働したり運動する場面が全体的に少なくなったことなど原因はさまざまであろう。

(b) 第二次性徴の出現

身長や体重の伸びはいわば量的な変化である。思春期・青年期の身体発達でより重要なのは，第二次性徴の出現というこれまでにない質的変化を経験することである。出生時に，性器の違いによる男女が区別されるが，これが第一次性徴である。これに対し，思春期における第二次性徴とは性器以外の部分にも男女差がはっきりと現れてくることである。第二次性徴の発現には，性ホルモン分泌の影響が大きい。下垂体から分泌される性腺刺激ホルモンにより，男子は精巣が，女子は卵巣が発達する。精巣からは男性ホルモン（アンドロゲン）が，卵巣からは女性ホルモン（エストロゲン）が分泌され，その結果，男子では骨格や筋肉が発達してがっちりしたからだつきになり，ひげが生え，にきびや声変わりがみられ，精通が起きる。女子は，皮下脂肪が増加して身体全体が丸みを帯び，乳房・骨盤の発達がみられ，初潮が起こる。そのほか男女ともに陰毛や

腋毛の発生がみられる。第二次性徴が発現し、これが成熟するということは、十分な生殖能力を獲得することを意味する。したがって、思春期・青年期は性的成熟の時期であるということができる。

(c) **身体的変化がこころに及ぼす影響**

思春期に入って経験する自分の身体の急激な変化、とくに第二次性徴の出現は個人差はあるが、それまで抱いていた自分自身のボディイメージあるいは自己像を大きく変化させる。それは、肯定的なとらえ方であるよりは、混乱・不安・驚き・羞恥心などをともなうことのほうが多い。また、概してこの年齢の少年少女は、こうした自分の身体の変化について一人で悩むことも多く、時には間違った情報に振り回されたり、他者との比較で必要以上に動揺することも珍しくはない。例として斎藤(1995)がおこなった、性的成熟に対する心理的受容についての調査結果をあげておく(表Ⅰ-4-11)。

しかし、このように自分の身体について関心をもち、その結果さまざまな不

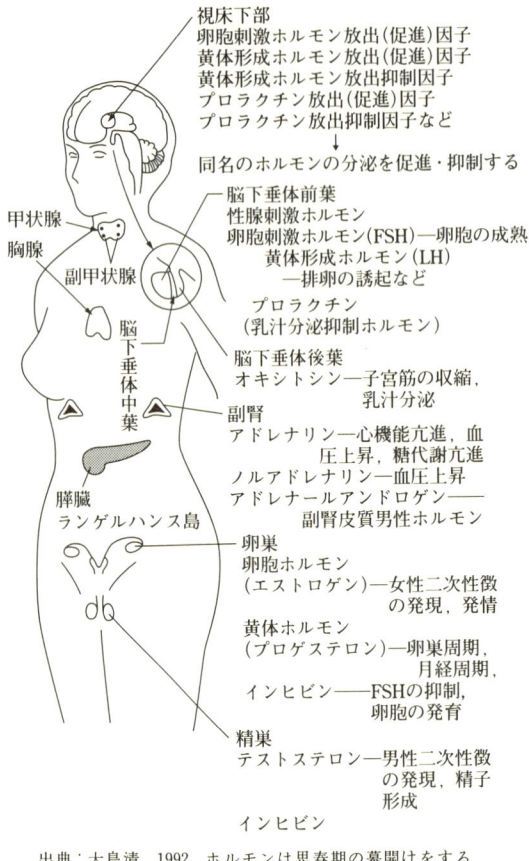

図中ラベル：
視床下部
　卵胞刺激ホルモン放出(促進)因子
　黄体形成ホルモン放出(促進)因子
　黄体形成ホルモン放出抑制因子
　プロラクチン放出(促進)因子
　プロラクチン放出抑制因子など
　同名のホルモンの分泌を促進・抑制する

脳下垂体前葉
　性腺刺激ホルモン
　卵胞刺激ホルモン(FSH)―卵胞の成熟
　黄体形成ホルモン(LH)
　　　―排卵の誘起など
　プロラクチン
　　(乳汁分泌抑制ホルモン)

脳下垂体後葉
　オキシトシン―子宮筋の収縮、乳汁分泌

副腎
　アドレナリン―心機能亢進、血圧上昇、糖代謝亢進
　ノルアドレナリン―血圧上昇
　アドレナールアンドロゲン――副腎皮質男性ホルモン

甲状腺
胸腺
副甲状腺
脳下垂体中葉
膵臓
ランゲルハンス島

卵巣
　卵胞ホルモン
　　(エストロゲン)―女性二次性徴の発現、発情
　黄体ホルモン
　　(プロゲステロン)―卵巣周期、月経周期
　インヒビン―FSHの抑制、卵胞の発育

精巣
　テストステロン―男性二次性徴の発現、精子形成
　インヒビン

出典：大島清　1992　ホルモンは思春期の幕開けをする　こころの科学44　日本評論社

図Ⅰ-4-19　性と関係のあるホルモンと内分泌腺

表 I-4-11 性的成熟の発現に対する心理的受容度　　　人数（％）

心理的受容度	男　子			女　子		
	変　声	恥毛の発毛	精　通	乳房の発達	恥毛の発毛	初　潮
おとなになれて，とてもうれしかった	2(2.9)	4(4.4)	1(2.5)	8(11.6)	5(7.0)	11(15.7)
おとなになる上であたりまえだと思った	18(26.1)	34(37.8)	19(47.5)	12(17.4)	11(15.5)	14(20.0)
別に何とも思わなかった	39(56.5)	31(34.4)	12(30.0)	40(58.0)	27(38.0)	13(18.6)
いやだったが，しかたないと思った	7(10.1)	17(18.9)	5(12.5)	8(11.6)	22(31.0)	27(38.6)
とてもいやで，できればそうなってほしくないと思った	3(4.3)	4(4.4)	3(7.5)	1(1.4)	6(8.5)	5(7.1)

出典：鈴木康平・松田惺編　1997　新版現代青年心理学　有斐閣

安を経験するようになること自体が思春期の特徴であり，誰もが直面し乗り越えねばならないステップであるともいえる。これまでなじんできた自分の身体の変化を受け入れるということは，まず生理的レベルでの自分の性を受け入れることである。ついで，それは社会的レベルでの大人の男性・女性としての役割自覚をもつことにつながり，身体面だけでなく，より内面的な自己概念をつくり直していくこと，つまり，アイデンティティの確立にとってもたいへん重要な要因となるであろう。

とはいえ，身体変化に精神的な適応がともなわない状況は思春期・青年期においてしばしば起こりうるし，これを契機として，さまざまな心の問題や行動上の問題の発現する危険がたえず存在することにも注意しなければならない。自分が他者からどのようにみられているかということに非常に敏感になるのもこの時期の特徴である。身体的な外見はいわば最も「目立つ」ところであり，それだけにできるだけ魅力的な身体になりたいと望んで現実とのギャップに悩んだり，他者からの何気ない，あるいは不用意な言葉に深く傷つくこともある。女子に多くみられる拒食症（神経性食思不振症）は，その契機が「太っている」という他者からの言葉をきっかけに始めたダイエットであることが多い。

(d) 発達加速現象

発達加速現象とは，世代を新たにするほど，発育速度が早まったり，身体・

76　I部　発　達

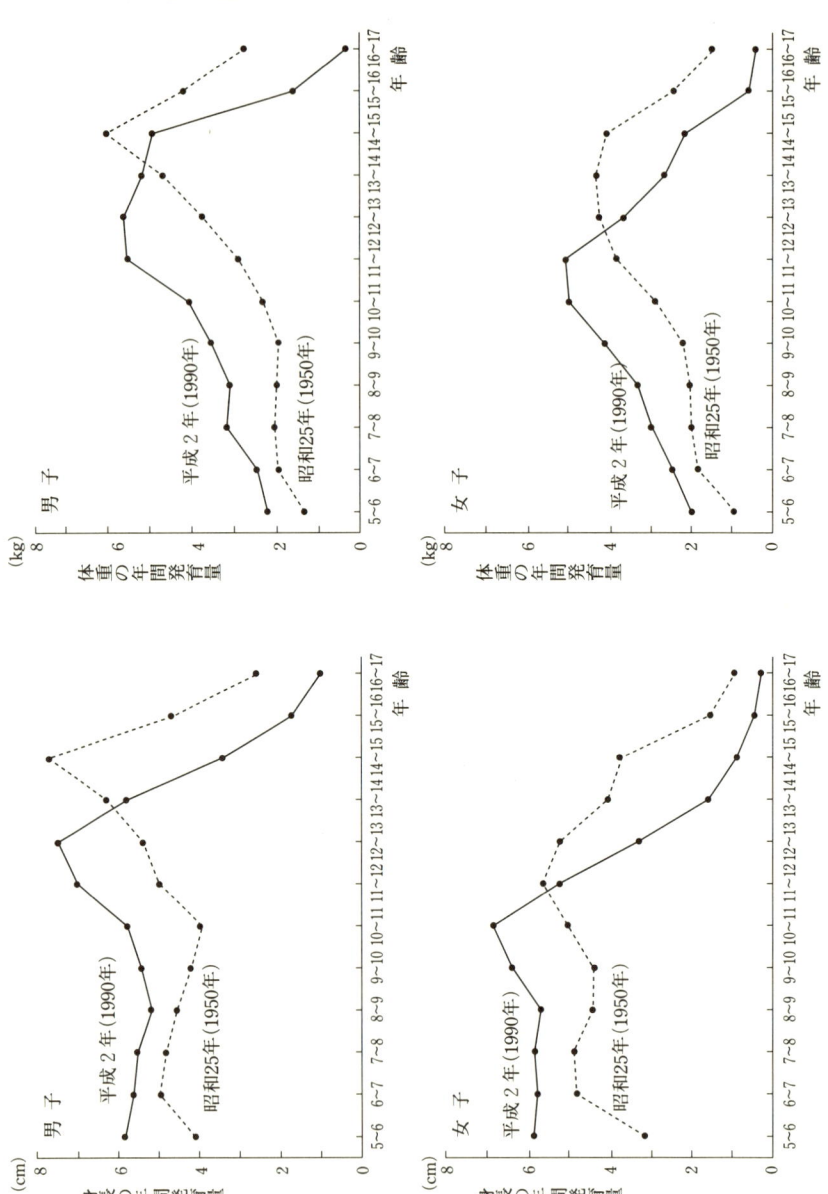

図 I-4-20　身長・体重の年間発育量の時代差

性的成熟の時期が低年齢化・前傾化することをいう。図Ⅰ-4-20に示したのは，1950年と1990年における身長・体重の発育量を比較したものであり，図Ⅰ-4-21は女子の初潮年齢の前傾化を表したものである。

これらをみると，明らかに発達の加速現象がみてとれるが，このような現象は，ヨーロッパを中心に18～19世紀頃から進行していたといわれる（沢田，1973）。原因としては，食生活の変化（栄養状態の向上）が最も大きいとされるが，そのほかに生活様式の変化や医療の進歩，マスコミ等による性的刺激の増加などが考えられる。いずれにせよ発達の加速現象は児童期を短縮し，身体的に大人になる時期を早めることになる。一方で，前述したように，高度に技術化・情報化された今日の社会にあって，心理・精神的に大人になることは困難になっていることを考え合わせると，「身体は大人だが，こころは子ども」であるといったアンバランスや「心理的に長期化する青年期」が，現実にさまざまな問題を生み出し，今後も増加することが予想される。

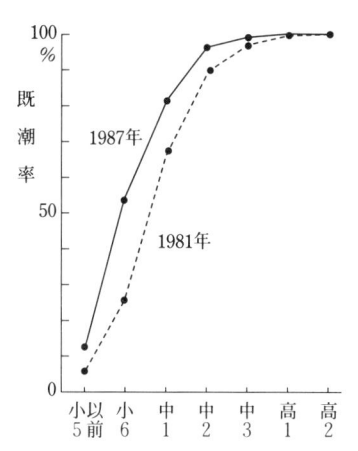

出典：滝沢三千代　1994　思春期・青年期の発達心理　伊藤隆二・橋口英俊・春日喬編　人間の発達と臨床心理学4―思春期・青年期の臨床心理学―　駿河台出版社

図Ⅰ-4-21　既潮率の時代差

(2) 対人関係の発達

(a) 親からの心理的離乳

思春期にはいると，親子関係が大きく変化してくる。子どもの側からの親の見方が変化するといったほうがよいかもしれない。児童期の親子関係は比較的安定しており，子どもは保護者・訓育者としての親の権威を受け入れることが

でき，親子関係においても，深刻な対立や葛藤は目立たなかった。ところが思春期から青年期になると，親の欠点や矛盾点に気づきそれを論理的に指摘できるようにもなるため，保護者としてよりも，尊敬に値する人間かどうかという視点で親をみるようになるのである。その結果，現実と理想のあいだで親に対する批判・反抗心が芽生え，さらにそれは，親の庇護の下にある状況からの離反への欲求を意味するようになる。幼児期の第一反抗期は，初めての自己主張の現れであったが，思春期・青年期における前述のような反抗は自己主張であると同時に，次の発達段階である成人になるための親からの真の精神的自立への欲求を含んでいるといえよう。心理的離乳という言葉が，この精神的自立を表すものとして使われるのもうなずける。ただし，注意すべきは，この自立指向は常に不安をともなうものであるということである。もはや自分は子どもではないとして親を突き放そうとすると同時に，まだ完全には自立しきれないことへの不安や恐怖により，反抗しながらも親への依存欲求がその背後に存在することが特徴的であり，こうした複雑な心理状態が親とのあいだの緊張・葛藤状況を生み出すのである。青年期の終わるころ，青年自身が次に述べるアイデンティティを獲得し，親を自分と同等の「一人の人間」として認めるようになることで親子関係も再び安定した間柄へと修復するのだが，時にはこの時期の親子間の葛藤が次の成人期にまで持ち越される場合もある。

　思春期・青年期に親子関係の問題点が表面化する場合，それまでの親子関係のありようを切り離して考えることはできない。Ⅰ部4-2「幼児期の発達の特徴」で，親の育児態度と子どものパーソナリティ形成との関連についての研究を紹介したが，幼少期より親から適度なコントロール（支配）と同時に愛情を受けて（受容されて）育った場合，青年期に親への反抗や葛藤が生じても，これを乗り越え，精神的に自立できやすい。ところが，親から絶えず厳格なコントロールを受けて自分でものごとを決定する経験が乏しいと，青年期に親との葛藤に直面した時にこれを解決するための方略にも乏しく，そのことが逆に親への爆発的な反抗へと短絡することもある。親からあまり関心をもたれずに放任

されて育った場合，自己決定はできても，葛藤に対する耐性が未熟であったり，自己評価が低くなることがある。抑圧されていた親への愛情欲求が偏った形で表面化することもある。また，過保護的に育てられた場合，依存心が強くなり，自己決断の機会にも乏しくなるため，思春期・青年期にもこの傾向が持ち越されることがある。そして親の側もいつまでも子どもを手離そうとしないと，子どもの心理的離乳はスムーズに運ばず，こうした場合もなんらかの心理的問題を抱えやすいと予想される。

(b) 友人関係の発達

親との関係がややもすると険悪になりがちな一方で，悩みを打ち明けたり相談に乗ってもらえる相手としての友人が，思春期・青年期には非常に重要になる。児童期までは，友人選択に物理的な接近性の要因(家が近い，席が隣同士など)が大きかったのが，思春期以降は相手の内面性に対する共感や尊敬が主になってくるし，生涯にわたる親友ができるのもこの時期が多いといわれている。「わたしは」で始まる，自分自身を説明する短文を20個書かせる20答法という質問紙検査がある。これを各年齢段階におこなった結果が表Ⅰ-4-12であるが，これをみると，青年期前期には自分の特徴として，交友関係の持ち方をあげるものが増加する。このことは，青年の自己意識の形成にとっての友人関係の重要さを表していよう。

表Ⅰ-4-12　自己の特徴の記述　(%)

	10歳	12歳	14歳	16歳	18歳
名　　前	50	10	8	11	31
身体的特徴	87	54	46	49	16
持ち物	53	22	24	14	8
住んでいる所	48	16	21	13	11
信念思想	4	14	24	24	39
対人関係の持ち方	42	76	91	86	93
心理的特徴	27	42	65	81	72
社会的役割	4	12	29	28	44

出典：岡本夏木　1991　児童心理　岩波書店

児童期の仲間集団として「ギャングエイジ」を取り上げたが，何らかの集団に属することは青年期前期における青年にとっても大きな関心事である。保坂・岡村(1985)によると，中学生には「チャムグループ」と呼ばれる同性で構成された，いわば仲よしグループがみられることが多い。このグループは共通の興味・関心をもつ仲間の集まりであり，互いの類似性がグループの規範となっている。したがって，グループの凝集性が高い反面，閉鎖性もまた強いという特徴がある。次に，高校生の年齢になってくると「ピアグループ」と呼ばれる集団が生じてくるという。この集団のチャムグループとの違いは，構成員のあいだの「異質性」をむしろ尊重し，他者との違いを意識することで，自分自身の特徴を発見していくというプロセスが含まれてくるという点である。構成員も同性のみではなく異性も入ってくる。

異性との関係については思春期以降，性的成熟と相まって欲求が高まる。異性に対してどのように振る舞うかを学ぶことも青年期の発達課題であるが，それは異性が単なる性的関心の対象ではなく，異質性をもった尊重すべき人間であることを理解することである。

(3) 自我同一性の確立

青年期は，自己形成の時期である。前述した身体的変化は，青年に，もはや自分は子どもではないことをいやおうなしに意識させる。さらにピアジェの認知発達段階を参考にすれば，思春期から青年期にかけて獲得される認知能力，すなわち抽象的・論理的思考力は，自己の内面についていろいろな角度からの思考を可能にする。また，周囲の人の自分への接し方が変わってきて，大人として扱われることもあるが，時にはまだ子ども扱いされたりと不安定な状態に置かれる。このようななかで，自分を見つめるもう1人の自分に気づき（自我の芽生え），自己概念（自分でそのように感じている自己の姿）をつくり上げながらも，同時に他者からみられている自分を意識し，それによって既成の自己概念を崩したり修正したりを繰り返す。このようにしながら，青年は最終的には自

分で知覚している自己と，他者の目を通して知覚される自己の折り合いをつけ，自我を統合していくとされているが，これが次に述べるエリクソンの自我同一性の確立である。

　エリクソン(1959)によると，青年期の発達課題は**自我同一性**(アイデンティティ)を確立することであるという。アイデンティティとは，「過去から将来に至る時間のあいだで，一貫して自分は自分であり，しかも社会的関係のなかで他者からもそのような自分を認められている」という「自分は自分である」という感覚である。児童期にある子どもでも「自分とは何か」ということを考えることのあるものは多い。しかし，一般的に思春期・青年期以前には，他者から与えられる「あなたはこういう人間だ」という評価を比較的素直に受け入れ，本質的な自己像について深く悩んだりすることはまれである。ところが，思春期に入ると生理・身体的な激変や自分を取り巻く大人への見方の変化等をベースに，これまで自分であると思っていたものが，真実の自分自身なのかということについて改めて疑問をもつようになり，「では本当の自分とは何か」という模索が始まるのである。ここにおいて，子ども時代の自我がいったん崩されることとなる。そして，さまざまな心理的葛藤により，アイデンティティ拡散(周囲からの期待に沿ってつくられてきた自分と，自分自身で感じている自分の統合ができず，どれが本来の自分自身なのかわからなくなり混乱する)という心理的危機におちいる危険をともないながら，自我の再構築へと向かうのである。エリクソンは人生のなかでも，青年期の「アイデンティティの確立」という発達課題を重要なものであると考え，そのためにはそれまでの発達段階における課題を達成していることが必要だとしている。どこかで課題達成が不十分だったり失敗していると，それだけ青年期のアイデンティティの確立が困難になる。さらに，過去の問題が心理障害や精神病理の形をとってこの時期に現れてきやすいともいわれている。また，アイデンティティが確立できるか否かは，青年期以降の人生に対しても大きな影響を及ぼすとされているが，これを図示したものが図Ⅰ-4-22である。

82　I部　発　達

老年期	VIII							統合 対 絶望
成年期	VII						世代性(生殖性) 対 沈滞	
前成年期	VI					親密 対 孤立		
青年期	V	時間展望 対 時間拡散	自己確信 対 アイデンティティ意識	役割実験 対 否定的アイデンティティ	達成の期待 対 労働麻痺	連帯 対 社会的孤立	アイデンティティ 対 アイデンティティ拡散	性的アイデンティティ 対 両性的拡散	指導性の分極化 対 権威の拡散	イデオロギーの分極化 対 理想の拡散
学童期	IV				勤勉性 対 劣等感		労働同一化 対 空想アイデンティティ喪失		
遊戯期	III			自主性 対 罪悪感			遊戯同一化 対 自閉	両極性 対 自閉	
幼児期初期	II		自律性 対 恥、疑惑					一極性 対 早熟な自己分化	
乳児期	I	基本的信頼 対 基本的不信							

図 I-4-22　アイデンティティの発達図式のなかでの青年期の位置づけ

出典：下山晴彦編　1998　教育心理学II　発達と臨床援助の心理学　東京大学出版会

エリクソンによるアイデンティティの概念は青年期の人格発達をとらえるにあたって非常に意義あるものであるが，実際に課題が達成できたかどうかの客観的判断は難しい。そこでマーシャ(Marcia, J. E., 1966)は，半構造化された面接法を用いて，アイデンティティ確立にいたるまでのプロセスを明らかにした。そして青年期を，アイデンティティの確立に向けて，ただ混乱し悩む期間ということでなく，むしろ最終的な自己決定に至るまでの期間，いくつかの選択肢のあいだで迷いながらさまざまな役割実験を繰り返している状態であるとした(表I-4-13参照)。

このように，大人になる前の時期，完全な意味での社会的責任を負うことを免れ，自由に自己を試すことを許された時期を，社会が青年に与えた猶予期間という意味で**モラトリアム**と呼ぶ。モラトリアムは，このように積極的な意味合いでとらえるなら，青年にとっては有意義な時空間となるであろう。しかし，最近の日本の青年期では，自己決定をできるだけ先延ばしして社会的責任を回避し，受動的な生活を送っている場合が少なくない。これには，日本の受験システムを含む社会構造的な背景や，周囲の大人が青年にとってのモデルと

表I-4-13 **アイデンティティ・ステイタスの分類と概略**

ステイタス	危機	傾倒	概略
アイデンティティ達成 (identity achievement)	経験した	している	幼児期からのあり方について確信がなくなりいくつかの可能性について本気で考えた末，自分自身の解決に達して，それにもとづいて行動している
モラトリアム (moratorium)	その最中	しようとしている	いくつかの選択肢について迷っているところで，その不確かさを克服しようと一生懸命努力している。
早期完了 (foreclosure)	経験していない	している	自分の目標と親の目標の間に不協和がない，どんな体験も，幼児期以来の信念を補強するだけになっている。硬さ(融通のきかなさ)が特徴的。
アイデンティティ拡散 (identity diffusion)	経験していない	していない	危機前 (pre-crisis)：今まで本当に何者かであった経験がないので，何者かである自分を想像することは不可能。
	経験した	していない	危機後 (post-crisis)：すべて可能だし可能なままにしておかなければならない。

出典：下山晴彦編 1998 教育心理学II—発達と臨床援助の心理学— 東京大学出版会

なりえているかどうかが深く関与していると思われる。中・高校生は，モラトリアムの入り口に立っていると考えると，彼らにさまざまな選択肢を提示し，積極的に役割実験をおこなうことを奨励するような働きかけが，教育の役割の1つであろう。

4-5 発達を阻害する要因

(1) 初期経験の重要性

ここまで，乳児期から青年期に至るまでの発達のみちすじをみてきたが，それは，多くの実験・調査研究のデータをもとに，おおよその人が大筋ではこのようなプロセスをたどるという視点から説明したものである。したがって，これまでの内容はあくまでも，発達の一般論であるといってもよい。

実際に，あるひとりの子どもの成長の過程を詳細に観察した場合，いわゆる「平均」との比較をすると，さまざまな「ずれ」が出てくることが多い。だがこれについては「個人差の原理」にあるように，どの領域においてもある程度の幅で個人差が存在しており，そこにひとりひとりの個性が投影されていると考えることができよう。しかし問題は，この「個人差の幅」を逸脱している場合をいかに的確にとらえうるかという点である。

人間の発達を規定する要因として，生得的要因と環境的要因があり，実際には両方の要因が相互作用的に人間のさまざまな発達領域にかかわっていると考えられているが，具体的に双方がどの程度ずつ，どのようにかかわっているのかまでは，ほとんど明らかになっていない。発達が阻害される場合でも，その要因が内的なものである可能性と外的なものである可能性があることは同様で，ここに，発達が順調にすすまない，あるいは発達が阻害されている状況に直面し，これを分析しようとする際の難しさがある。「発達障害」という形で現れる問題，具体的には知的障害・学習障害・広汎性発達障害・注意欠陥多動症候群などであるが，これらは根底に当該児の脳神経レベルの器質的問題が予

4．発達の概要

想される場合が多い。しかし，そのことによる二次的な障害として経験・環境要因もかかわってくる。たとえば，自閉的傾向のある子どもは，周囲からの働きかけに対して拒否的だったり，無関心・無反応のことも多い。すると，このような子に対してかかわろうとする意欲を一定のレベルに保ち続けることが難しくなり，その結果，周囲との相互交渉が質・量ともに乏しくなる。これが，さらに子どもの反応の弱さを強化することにもつながる。

「染色体の異常のために発達全般に遅れが生じた」などというように原因が特定できる場合（この場合は内的原因）はむしろまれで，何かしらの問題点を周囲の大人が感じても，その要因は推測の域を出ないことも多い。また外的・環境的要因は数多く存在し，複数の要因がからみあっているとみえることも多く，断定することは困難である。発達の阻害に対する対策を立てるために関与要因（発達阻害の原因）を検討することは必要であるが，原因探しのみに目を奪われないようにすることも大切である。

ただし，ここで生得的メカニズムと学習が相互に作用し合う「初期経験の重要性」は記憶にとどめるべきである。ロレンツにより示された鳥の刻印づけ〔鳥のヒナは，孵化後数時間以内（この期間を臨界期という）に目にした大きくて動くものを親であるとして刷り込み（刻印づけ），いったん成立した刻印づけは永続する〕の例は，人間の発達についても重要な示唆を与えた。たとえば視覚や聴覚などの知覚的な経験を発達初期に極端に奪われた場合は，その後の回復が完全になされないとか，愛着の形成のあり方が後の社会性に影響を及ぼす，といったことである。適切な時期に適切な刺激が与えられるということが発達にとっては重要である。

本章1-1～1-4でみてきたように，ある時点の発達状況はそれ以前の発達段階における状況を土台にしている。したがって，発達を阻害する要因を考えるにあたり発達の初期（乳幼児期）が重要になってくる。

(2) マターナル・デプリベーション

　乳児には授乳障害(哺乳困難, 哺乳量不足など), 睡眠障害(寝ない, 睡眠のリズムが整わない, 夜泣きなど)がみられることがある。乳児の側の生得的な気質の問題もあるが, 養育者(母親)の情緒が不安定だったり抑鬱的であるとき, このような症状が生じることが多い。乳児の不安定な状態は母親に乳児への不安感や拒否感を生じさせ, また, 乳児自身は情動面で未分化であるため母親の状態をそのまま投影しがちである。したがって, 母子関係がますます悪循環に陥りやすくなる。母親の精神状態の背景には, マタニティ・ブルーや育児不安, あるいは夫婦関係, 嫁姑関係などの家族間の人間関係の問題が存在していることも多い。また, 母親自身が精神的に未熟な場合(親になる心の準備ができていない状態)や, 出生時にトラブルがあったとか, 子どもが未熟児や何らかのハンディキャップをもって生まれた場合, 母親に自分の子どもであるという意識が育ちにくく, その結果育児放棄や虐待へとつながるという場合もある(母性剥奪症候群, マターナル・デプリベーション maternal deprivation)。したがって, こうした例では母親へのカウンセリングや育児への援助をとおして母親の情緒の安定をはかり, 育児への自信をつけていくことが中心となる。

　以上のように, 発達の初期には身近な養育者(母親)とのあいだに愛着や基本的信頼感といった, 愛情につつまれた関係を経験することが必要であるが, これが著しく欠けた場合, 子どもに肯定的な母親像が育たず, さらにその後の人間関係を築く力にも影響を及ぼしてくる可能性がある。スピッツによる「ホスピタリズム(施設病, hospitalism)」という言葉が一時, さかんに用いられたが, これは乳児院や病院などの施設に長期間収容されている乳児に精神発達の遅れや高い死亡率がみられることをさす。施設内では, どうしても1人の子どもに特定の養育者が長期間手厚く世話をすることが難しい。その結果, 泣いてもかまってもらえなかったり, 十分に抱かれてスキンシップを受ける経験がきわめて乏しくなったことが遅れや死亡率の原因とされたのである。現代の施設では, こうした状況は改善されてほとんどなくなったといわれている。しか

し，逆に家庭内で(前述のような母子に特殊な事情がない場合でも)同じような事態が起こりうることが指摘されており，やはりマターナル・デプリベーションや虐待の問題として憂慮されている．

●引用文献（Ⅰ部3，4）
〔3．発達の理論〕
Crain, W. C. 1981 *Theories of development : Concepts and applications*, Prentice-Hall, INC. (小林芳郎・中島実訳 1984 発達の理論 田研出版)
村井潤一編 1986 別冊発達4 発達の理論をきずく ミネルヴァ書房
〔4．発達の概要〕
Blos, P. 1962 *On adolescence : A psychoanalytic interpretation.* Free Press. (野沢英司訳 1971 青年期の精神医学 誠信書房)
Bowlby, J. 1958 The nature of the child's tie to his mother. *International Journal of Psychoanalysis,* 39.
Chomsky, N. 1957 *Syntactic structures.* Mouton. (所康男訳 1963 文法の構造 研究社)
Eisenberg, N. 1982 The development of reasoning regarding prosocial behavior. N. Eisenberg(ed.) *The Development of Prosocial Behavior.* Academic Press.
Erikson, E. H. 1959 *Identity and life cycle.* International University Press. (小此木啓吾訳編 1973 自我同一性 誠信書房)
Fantz, R. L. 1963 Pattern vision in newborn infants. *Science,* 140.
Gibson, E. J., &Walk, R. D. 1960 The visual cliff. *Scientific American,* 202.
平山諭・鈴木隆男編著 1993, 94 発達心理学の基礎Ⅰ～Ⅲ ミネルヴァ書房
保坂亨・岡村達也 1985 キャンパス・エンカウンター・グループの発達的治療的意義の検討 心理臨床学研究 4(1)
石井澄生・松田淳之助編著 1988 発達心理学 ミネルヴァ書房
伊藤隆二・橋口英俊・春日喬編 1994 人間の発達と臨床心理学2～4 駿河台出版社
柏木惠子 1988 幼児期における「自己」の発達 東京大学出版会
川上清文・内藤俊史・藤谷智子 1990 図説乳幼児心理学 同文書院
Lewis, M., & Brooks-Gunn, J. 1979 *Social cognition and the acquisition of self.* Prenum.
Maccoby, E. E., & Martin, J. A. 1983 Socialization in the context the family :

Parent-child interaction. In P. H. Mussen (Ed.) *Handbook of Child Psychology*, Vol. 4. New York, Wiley.

Marcia, J. E.　1966　Development and validation of ego identity status. *Journal of Personality and Social Psychology*. 3, 551-558.

三宅和夫編　1983　児童心理学ハンドブック　金子書房

三宅和夫編著　1991　乳幼児の人格形成と母子関係　東京大学出版会

宗方比佐子・二宮克美　1985　プロソーシャルな道徳的判断の発達　教育心理学研究　33

村田孝次　1990　三訂版児童心理学入門　培風館

無藤隆・髙橋惠子・田島信元編　1990　発達心理学入門Ⅰ・Ⅱ　東京大学出版会

内藤俊文　1983　道徳性　三宅和夫編　児童心理学ハンドブック　金子書房

岡本夏木　1986　ピアジェ，J.　村井潤一編　1986　別冊発達4　発達の理論をきずく　ミネルヴァ書房

岡本夏木　1991　児童心理　岩波書店

大村彰道編　1996　教育心理学Ⅰ―発達と学習の心理学―　東京大学出版会

大藪泰　1992　新生児心理学　川島書店

Parten, M. B. 1932 Social participation among pre-school children. *Journal of Abnormal and Social Psychology*, 27.

Piaget, J.　1923　*Le langage et la pensee chez 1'enfant*. Delachaux et Niestle. (Gabain, M. & Gabain, R.(tr.). (1959) *Language and thought of the child*. Routldege & Kegan Paul)

Piaget, J., & Inhelder, B.　1956　*The child's conception of space*. Routledge & Kagan Paul.

斎藤誠一　1995　自分の身体・性とのつき合い　落合良行・楠見孝編　講座生涯発達心理学　第4巻　自己への問い直し―青年期―　金子書房

沢田昭　1973　現代における性の成熟　依田新他編　現代青年の性意識　金子書房

下山晴彦編　1998　教育心理学Ⅱ―発達と臨床援助の心理学―　東京大学出版会

新・保母養成講座編纂委員会編　児童心理学　1991　社会福祉法人全国社会福祉協議会

鈴木康平・松田惺編　1997　新版現代青年心理学　有斐閣

高橋惠子　対人関係　1983　三宅和夫他編　児童心理学ハンドブック　金子書房

高橋道子・藤崎眞知代・仲真紀子・野田幸江　1993　子どもの発達心理学　新曜社

高橋義信　1991　Strange Situationを用いた愛着関係に関する従来の研究　三宅和夫編著　乳幼児の人格形成と母子関係　東京大学出版会

Vygotsky, L. S.　1934　柴田義松訳　1962　思考と言語　明治図書

●参考文献（Ⅰ部3,4）

〔3．発達の理論〕

Erikson, E. H. 1950 *Childhood and Society*. New York, W. W. Norton.（仁科弥生訳 1977 幼児期と社会Ⅰ・Ⅱ みすず書房

Piaget, J. 1936 *La naissance de l'enfant*. Delachaux et Niestle.（谷村覚・浜田寿美男訳 1978 知能の誕生 ミネルヴァ書房）

〔4．発達の概要〕

東洋・繁多進・田島信元編 1992 発達心理学ハンドブック 福村出版

Erikson, E. H. 1950 *Childhood and Society*. New York, W. W. Norton.（仁科弥生訳 1977 幼児期と社会Ⅰ・Ⅱ みすず書房

柏木恵子・古澤頼雄・宮下孝広 1996 発達心理学への招待 ミネルヴァ書房

高橋恵子・波多野誼余夫 1990 生涯発達の心理学 岩波新書

詫摩武俊 1967 性格はいかにつくられるか 岩波新書

II 部

学 習

1. 強化理論

　人間を含めすべての動物の行動は生得的行動と習得的行動とに分類される。生得的行動は，虫が光に向かって飛ぶ走光性に代表される**走性**，膝の下を軽く叩くと，脚がはね上がる膝蓋腱反射に代表される**反射**，一部の群居性動物の新生児が生後最初に見た「音や動きのあるもの」に対し追従反応をおこなうという**インプリンティング**(刻印づけ)により一躍世間の脚光を浴びることとなった**本能行動**の3つに分類される。それ以外の行動は習得的行動，つまり経験を通じて学習された行動である。

　日常生活のなかで私たちは「学習」という用語を勉強という語とほぼ同義に用いており，言葉のイメージとしてなんとなくポジティブな印象を与えがちである。しかし，心理学における「学習」という用語には，たとえば喫煙や間違った言い回しが固定してしまうことなどのように，必ずしも生物の適応上望ましいとはいえない方向への変化も含まれる。心理学ではそれらを含め，一般に練習・訓練などのような「経験を通じ」，ある程度「持続する行動の変化」をとげることを称して**学習**(learning)と呼んでいる。動物は学習を通じて新たな行動様式を獲得するのである。ところで，学習を学問の対象にする場合，その基となる経験はさまざまな事象(経験)が複雑に絡み合っているため，科学的に記述することが困難である。そのため学習を研究対象とする場合，条件の厳密な統制が可能な実験場面で経験をできる限り単純化し，統制された経験と行動との習慣づけの基本的過程，つまり，**条件づけ**(conditioning)の過程が研究されてきた。

　条件づけは通常，生得的な行動を学習の対象とする「レスポンデント条件づけ」と，個体の能動による行動を学習の対象とする「オペラント条件づけ」と

に分類される。これらはそれぞれ「古典的条件づけ」，「道具的条件づけ」という別称があるが，両者は命名者が異なるのみで内容的な差異はないとされているため，本章ではレスポンデント条件づけとオペラント条件づけという呼称を用いる。以下，レスポンデント条件づけとオペラント条件づけについて概説したうえで，両者の主な相違点を明確にするうえでのキー概念である動因について，また，それらについての日常場面への展開として社会的学習について概観する。

1-1　レスポンデント条件づけ

　周囲の明るさの変化による瞳孔の収縮-拡散や，食べ物を咀嚼したり酸っぱいものを口に入れた場合に生ずる唾液分泌，また，運動をおこなった後の心拍の増加や発汗などは誰に教えられたわけでもなく，私たちが生得的にもっている行動である。換言すれば，こうした生得的行動(レスポンデント行動)は，特定の刺激(たとえば，酢を口中に入れること)に対して生得的に与えられている反応(たとえば，唾液の分泌)といえる。私たちのもつこれら生得的な刺激―反応関係を利用することにより，新たな刺激―反応関係を形成する過程を**レスポンデント条件づけ**という。その過程を一言で表現すると，「あるレスポンデント行動(UR：無条件反応)を引き起こす刺激(US：無条件刺激)に先行して別の刺激(CS：条件刺激)を与える操作を繰り返しおこなうことにより，USが与えられなくともCSが与えられる操作のみによりURと同じ反応(CR：条件反応)を誘発するようになる」ということになる(図II-1-1参照)。たとえば，梅干しを食べた経験(US)のある人が「梅干し」という単語(CS)を聞いたり，いつも梅干しが入れてある壺(CS)を見たりした場合に自然と唾液(CR)が出てくるという現象は，日常よく経験されるところである。一般に「条件反射」として有名なこの現象は，ロシアの生理学者パヴロフ(Pavlov, I. P.)により全くの偶然により発見された。

音叉の音- - - - - - - - - - - - - ->刺激源への注意

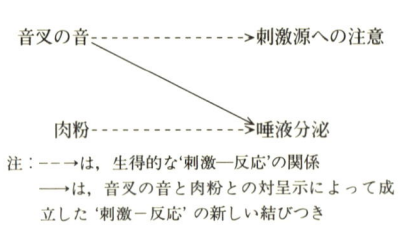

肉粉- - - - - - - - - - - ->唾液分泌

注：- - -→は，生得的な'刺激―反応'の関係
　　──→は，音叉の音と肉粉との対呈示によって成
　　　　立した'刺激―反応'の新しい結びつき

図II-1-1　レスポンデント条件づけの過程

パヴロフはイヌの消化腺に関する研究をおこなっている最中に，イヌが飼育係の足音や鍵束の音に反応して，唾液を流すという現象に偶然気づいた。元来，唾液の分泌は食料を嚥下するために生ずる生得的反応である。しかし，パヴロフが気づいた現象は，食料が与えられる以前に予期的に生じた反応である。この予期的反応に興味を惹かれたパヴロフは，図II-1-2のような実験状況の下で，約30年にわたる組織的研究をおこない次の6点を主要な成果としてあげた。

① 強　化

条件刺激(CS：たとえば，ベル音)と無条件刺激(US：たとえば，肉粉)とを対にして呈示することを**強化**(reinforcement)といい，強化の回数が増すほど条件反応(この場合，ベル音の呈示による唾液分泌)が強められる。

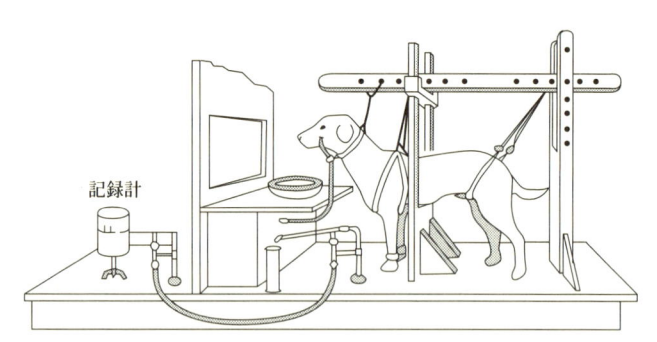

出典：Holland & Skinner　1961　*The analysis of behavior.*
図II-1-2　唾液条件づけの実験事態

② 呈示時間の間隔

USとCSとの呈示時間の間隔は条件づけの効率に影響を与える。具体的には，US呈示に0.5秒先行してCS呈示をスタートし，刺激呈示の終了は両方同時とする条件づけが最も効率がよい。

③ 汎　化

条件づけに用いたCS(たとえば，100ヘルツのベル音)そのものでなくとも，類似した刺激(たとえば，90ヘルツのベル音)を与えることにより，条件づけられた反応(CR：唾液分泌)を示すことがある。こうした現象を**汎化**(generalization)という。汎化は条件づけに用いられたCSとの類似の程度に応じて生ずる。

④ 分　化

汎化が認められるようになった後も繰り返しCSとUSとの対提示を繰り返すことにより，徐々に汎化が減少し，本来のCSのみに対しCRを示すようになる。この現象を**分化**(differentiation)と呼ぶが，分化をより効率的に促進するためには，2つの刺激を用い，一方の刺激に対しては強化を与え，他方の刺激に対しては与えないという方法(分化条件づけ)がある。

⑤ 高次条件づけ

あるCSによるCRの誘発という関係を形成したうえで，条件づけられた刺激をUSの代理とし，新たな条件づけが可能である(二次条件づけ)。たとえば，ベル音(CS)と肉粉(US)の対呈示により「ベル音に対する唾液分泌」という条件反応が成立する(一次条件づけ)。この条件づけが十分でき上がった後，光(CS′)とベル音との対呈示を繰り返すと，光を呈示することにより唾液分泌が誘発されるようになる(二次条件づけ)。このように，以前の条件づけで用いられたCSをUSの代理として用いる**高次条件づけ**は理論的には何段階でも可能であるが，次数の増加につれ困難となる(図II-1-3参照)。

⑥ 消去と自発的回復

条件づけが成立した後も，CSのみ与えUSを与えないことを繰り返すことにより徐々にCRは減少し，やがて消失する。この過程を**消去**(extinction)と

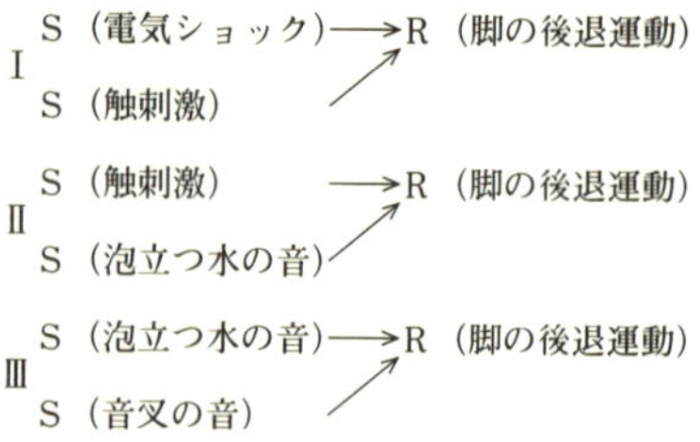

```
  ┌ S（電気ショック）──→R（脚の後退運動）
Ⅰ │                    ↗
  └ S（触刺激）

  ┌ S（触刺激）　　　──→R（脚の後退運動）
Ⅱ │                    ↗
  └ S（泡立つ水の音）

  ┌ S（泡立つ水の音）──→R（脚の後退運動）
Ⅲ │                    ↗
  └ S（音叉の音）
```

図Ⅱ-1-3　三次条件づけの過程

いうが，消去により減少した反応も，しばらくCSを与えず休止期間をおくとある程度の回復がみられる。これを**自発的回復**という。

　パヴロフは，イヌの唾液分泌という単一種の特定の反応についてのみを対象としていた。しかし，「心理学が科学であるために，客観的な観察が可能な行動を研究対象とすべき」という主張とともに，条件づけ研究がワトソン(Watson, J. B.)によってアメリカで心理学に導入されるようになると，**行動主義**(behaviorism)という一大思想グループ(fad)を形成し，その適用範囲が徐々に広げられていった。イヌだけでなく人間などさまざまな動物を対象とする研究がおこなわれた結果，種による系統発生的な差異が指摘される一方で，扱われる行動の種類についても，多様化してゆき，終には人の有意識的行動にまで適用されるようになった。そうした研究のうち，ワトソン自身による「幼児を対象とした恐怖反応の条件づけ」研究がある。

　生後11カ月のアルバート坊やは，よく馴れた白ネズミを与えられ，可愛がっていた。しかし，ある時から彼が白ネズミに手を触れると同時に，頭のすぐ後ろで大きな金属音をたてるようにした。初日にこれを2回，一週間あけて白ネズミを見せては大きな金属音をたてるということを5回繰り返した(対呈示)。この結果，アルバート坊やは白ネズミを見せられて手を引っ込める反応(最初の2回以降)から，泣きながら這って逃げる反応(全7回終了後)へと恐怖に基づく反応が強くなった。また彼の白ネズミに対する恐怖反応は，その後5日が経過しても同程度の水準を維持していた。

1．強化理論　　97

　以上が，ワトソンによる報告の概要である．つまり，白ネズミ(CS)と大きな金属音(US)を対にして呈示することにより，CS(白ネズミ)単独でUS(音)に対する恐怖反応(UR)と同じ反応(CR)を生起させたことになる．このように，レスポンデント条件づけは元来の生得的行動のみならず，恐怖を始めとする対象物への意味や価値についての認識や，さらには言語活動など高次の精神活動にまでその適用範囲を広められていった．

1-2　オペラント条件づけ

　レスポンデント条件づけは当初と意味合いを違え，対象とする行動を生得的行動に限らなくなったが，行動を誘発させる刺激の存在は必須であった．しかし，私たちの日常の行動は必ずしも先行する刺激の存在を必要とはしない．たとえば，挨拶などの社会的行動，勉強，移動などの行動は特定の刺激により誘発されるというより，生体が能動的に自発する行動と見なしてよい．こうした自発的行動(オペラント行動)の多くは，なんらかの目的(たとえば，他者からの好意を得る，試験で良い成績をとる，目的地に到着するなど)を達成するための道具として利用されるため，道具的行動とも呼ばれる．

　オペラント行動の自発に対して，行動の生起後に報酬または罰のような一定の刺激を与えることによって，その行動の出現頻度に影響を与えることを**オペラント条件づけ**と呼ぶ．その際，刺激を与えることによりオペラント行動の自発頻度に影響を与える経験を正の**強化**といい，そこで与えられる刺激のことを正の**強化子**という．たとえば中に何が入っているか知らずに罐のフタを空けたところ，クッキーを発見したとしよう．発見者にとってクッキーが魅力的なものであれば，以後その罐のフタを空けるという行動は頻繁になるであろう．この場合，「クッキーの罐のフタを開ける」という行動は「クッキーを食べる」という目的を達成するための道具として利用され，「罐のフタを開ける」という行動の自発頻度を高めたことから，クッキーは正の強化子，クッキーを手に

入れ食べるという経験は正の強化ということになる。一方，刺激を除去することによりオペラント行動の自発を増大させる刺激，つまり負の強化子も存在する。たとえば，親が子どもをしつける際に用いる罰が負の強化の例である。

オペラント条件づけの先駆者とされるソーンダイク(Thorndike, E. L.)はペダルを踏むことによって鍵がはずれ，脱出が可能となる檻(通常，問題箱と呼ばれる)を作成した。次に檻の外に餌があることを見せたうえでその中にネコを入れ，ネコが檻から脱出するまでの時間を計測した。実験を始めた当初，檻に入れられたネコは，檻を嚙んだり引っ掻いたりというようなさまざまな脈絡のない行動を示すが，偶然ペダルを踏んで脱出に成功し餌を獲得する。そのような経験をさらに何度も繰り返すにつれ，徐々に脱出するうえで無効な行動が減少し，脱出に要する時間も短縮される過程が確認された(図II-1-4)。この事実はネコが試行錯誤しながらなんらかの学習をおこなっていることを示している。ソーンダイクはこのような学習を**試行錯誤学習**と呼び，さらに学習成立についての一般法則として「満足をともなうかまたは満足が後続する反応は，状況との結合が強固になり，その状況での再現可能性を増す。また不快をともなうかまたは不快が後続する反応は，状況との結合が弱められ，その状況での再現可能性を減ずる」という**効果の法則**を打ち立てた。

オペラント条件づけ研究はその後，スキナー(Skinner, B. F.)により発展させ

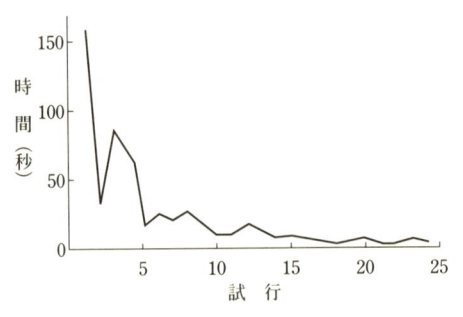

出典：Thorndike 1898　*Animal intelligence.*

図II-1-4　ソーンダイクのネコの学習曲線

1. 強化理論

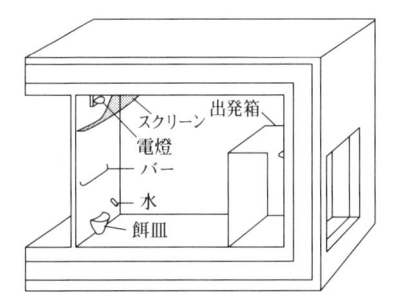

出典：Keller & Schoenfeld 1950 *Principles of Psychology.*
図II-1-5　ネズミ用スキナーボックスの概念図

られた。スキナーは図II-1-5のようなバーを押すことにより餌皿にペレット状の餌が落ちてくる装置をつけた箱（通常，スキナーボックスと呼ばれる）を開発し，その中に入れられた空腹なネズミがバー押しという自発的行動を獲得していく過程を研究した。スキナーボックスに入れられた当初，ネズミはあちこちと脈絡のない行動を示すなかで，偶然にレバーを押して餌を獲得する。こうした経験を繰り返すことにより，やがてほぼ一定のペースでバー押しと餌の摂取を続けるようになることが確認されるのである。

　ここまでの知見は，先のソーンダイクの問題箱研究と比較して課題が異なるのみであり，内容的にほぼ同じとみなしてよい。しかし，スキナーボックスにはソーンダイクの問題箱にない利点があった。それは，強化の与え方にバリエーションをもたせうることである。つまり，ソーンダイクの問題箱では試行ごとにネコが外に出てしまうことから，1回のオペラント反応ごとに強化を与えること（**連続強化**）しかおこなえなかったのに対し，スキナーボックスでは何回かのオペラント反応に対して，時々強化を与えること（**部分強化**）が可能となったのである。これにより，オペラント行動の研究がより精緻化され，また活性化された。以下，そのようなもののうちから，代表的な強化スケジュール，汎化・弁別，報酬の差，シェイピングという概念についてみてみよう。

(1) 強化スケジュール

スキナーボックスの登場により部分強化が可能となったが，次に繰り返しおこなわれる反応の「いつ，どの反応に対して，どのような強化をどの程度与えるか」が問題となる。このうち，「いつどの反応に」については強化のスケジュールと呼ばれる。強化スケジュールの分類の要素は，「強化を与えてから次の強化までのあいだを時間で設定する(Interval)か，その間におこなわれる反応の回数で設定する(Ratio)か」と「強化の間隔を規則的に設定する(Fixed)か，ランダムに設定する(Varialbe)か」の2つであり，その組み合わせによって，定率(FR)スケジュール，変率(VR)スケジュール，定時隔(FI)スケジュール，変時隔(VI)スケジュールの4通りがある。これらの強化スケジュールを日常に即して例示すると，FRスケジュールは達成した仕事の量に応じて報酬が与えられる「出来高払いのアルバイト」，VRスケジュールはある確率で当たることは決まっているが，いつ当たるかわからない「スロットマシーンなど多くのギャンブル」，FIスケジュールはいつも定まった時に報酬が与えられる「月給制の仕事」，VIスケジュールは人気歌手のコンサート予約のためチケットセンターへ電話する場合のように「いつ繋がるかわからない電話」が比較的近いであろう。これらのスケジュールのうち，最も短期間で安定した反応が得られるのがFRスケジュールであり，強化に必要な反応の数が少ないほど短期間で学習される。VRスケジュールは反応の安定に要する期間はFRスケジュールと比較して長くかかるものの，安定してからは高頻度，かつ，一定の反応が得られる。また，VIスケジュールも反応の安定にやや長期間を要するものの，安定してからは一定の反応が得られる。ただし，その反応率はVRスケジュールと比較して少ないとされている。最後にFIスケジュールであるが，この強化スケジュールの結果，他にはない反応の特徴が認められる。それは，強化直後の反応の減少と強化直前の反応の増大というものである。日常の言葉に直すと，給料をもらう直前はよく働くが，給料をもらうと気が抜けて働きが悪くなるということである。

ところで，レスポンデント条件づけの場合には，無条件刺激(US)を呈示しないで条件刺激(CS)の呈示を続けることにより獲得した反応の消去が可能であった。一方，オペラント条件づけにより学習された反応の**消去**は，自発された行動に対して強化子を呈示しないという手続きによっておこなわれる。このためどのような強化スケジュールを用いたところで，反応の自発回数に対する強化の回数をごく少なく設定した場合，消去の過程とほとんど区別がつかなくなる。つまり，部分強化で条件づけをおこなう場合，1回の強化に必要とされる反応回数にはおのずと制限があるということである。

先に，強化の過程について，強化スケジュールごとにその過程についての特徴を概説したが，消去の場合にもスケジュールごとにかなりの違いは認められる。これについては大まかにいって「強化時との条件差が大きいほど，速く消去される」ようである。実際，最も条件づけが容易な連続強化は消去過程との条件差が最も大きくなり，消去手続きに入るとかなり容易に消去されることが確かめられている。逆に条件づけが成立しにくい VR, VI スケジュールで学習された行動は消去しにくい(**消去抵抗**が高い)。

(2) 汎化と弁別

オペラント条件づけの場合にもレスポンデント条件づけと同様，行動の自発のための先行刺激を設定することが可能である。たとえばネズミに「ブザーが鳴った後にバーを押すと強化が与えられ，それ以外の場合にはバーを押しても強化が与えられない」という条件で試行を繰り返すと，やがてネズミはブザーが鳴った後にのみバーを押す行動を自発するようになる。このレスポンデント条件づけにおける分化に該当する過程は，オペラント条件づけでは**弁別**と呼ばれる。弁別はブザーなど特定の刺激に続く反応の自発を求める継時弁別学習と，同時に呈示された複数の刺激から1つを選択することを求める同時弁別学習に大別される。いずれの場合にも弁別に用いられる刺激(弁別刺激)の果たす役割は，反応を自発させる契機にすぎず，レスポンデント条件づけの場合のよ

うに，刺激自体が反応を誘発させるものではない。しかし，弁別刺激についてもレスポンデント条件づけの場合と同様，**汎化**，つまり反応を自発させた刺激と類似したものに対して，その類似の程度に応じた確率で反応を自発するという特徴がある。

(3) 報酬の差

次に「どのような強化をどれだけ」に相当する部分であるが，一般に学習成績は報酬の質，量，強度によって影響される。「ネズミに報酬として粥を与えた場合の方が，ヒマワリの種を与えた場合より学習成績が高い。また，報酬を途中で粥からヒマワリの種に切り替えると，最初からヒマワリを報酬として与えられていたネズミより成績が下がる」というエリオット(Elliott, H. M.)の動物実験例を示すまでもなく，われわれも魅力的な報酬をもらう場合とそうでもない場合にどのような感情を抱くか，また，給料が突然上がったり下がったりした場合にどう感じるかを考えてみれば，報酬の質や量の効果は容易に想像されるであろう。結局のところ報酬の質や量は報酬としての刺激強度ということになるが，一般に報酬の強度は，ある範囲内で強い方が学習を促進するといわれている。ただし適正な範囲を越えると，それ以上強くしても行動の自発に影響しないか，または，逆に自発を抑制することもありうる。

一方，嫌悪刺激(負の強化子)を用いた条件づけには①与えられている嫌悪刺激から逃れる逃避訓練，②あらかじめ嫌悪刺激を受けないようにする回避訓練，③ある行動をした場合に嫌悪刺激が与えられる罰訓練の3種がある。まず，①逃避訓練は，たとえば，慢性的に微弱な電気ショックを与えられているネズミがバー押し行動をすることによって，電流が止まるという訓練である。この訓練の特徴として，数回の訓練を経ることにより，嫌悪刺激が与えられなくとも強化されたオペラント行動の自発確率が高くなることがあげられる。この現象は嫌悪刺激以外の環境条件がほぼ同じであることにより生ずる汎化であるとされている。そのため訓練を継続することにより弁別が進むに連れ，嫌悪

刺激が呈示されない場面での自発確率は減少する。「気難しい親に育てられた子どもが他者の前で大人しく振る舞っていたのに，成長するに連れ親以外の他者の前では腕白ぶりを発揮する」という場合がこれに該当する。次に，②回避訓練は，弁別刺激（たとえば，ブザー）が与えられた後，一定時間内に特定の反応をおこなうことにより嫌悪刺激を避けるというものである。この訓練がある程度成立すると弁別刺激の呈示により条件づけられた反応をおこなうため，嫌悪刺激を受けなくなる。しかし訓練が継続されると，通常の消去の過程と同義になり，回避の傾向は徐々に弱まる。やがて回避傾向が十分減退すると，嫌悪刺激を受け，それにより再び強化されるということになる。「いたずらをして叱られた子どもが，しばらく大人しくなっても，やがて緊張が緩み再び叱られる」という場合がこれに該当する。最後に，③罰訓練は一定水準の自発がある特定行動に対して嫌悪刺激が与えられた場合，どの程度その行動の自発が抑制されるかを確認するというものである。この訓練では，与えられる罰の強さによって反応の自発が抑制されること，罰が中止されると一時的に反応の自発が罰の導入以前の水準より高くなることが認められている。「親に叱られた子どもがその目の前では大人しくしていても，親の目が届かないところでいたずらをする」という場合がこれに該当する。

(4) シェイピング

偶然に自発する頻度が低い反応のオペラント条件づけをおこなう場合，**シェイピング**(shaping)という方法が用いられる。そこでは，条件づけをおこなう最終的な反応に到達するまでをいくつかの段階に区切り，それぞれの段階で最終的反応により近づくような反応をあらかじめ設定しておく。そして，それぞれの段階では設定された反応に対してのみ強化をおこない，その反応が安定すると，それまでの強化を止め，次の段階で目標とする反応に対してのみ強化をおこなう，というように強化と消去とを組み合わせることにより，既存の反応を徐々に最終的に目標とする形に変えていく。これがシェイピングの代表的な

方法の1つである。教育の場でカリキュラムを考える場合,「教えるべき内容を系列的に配列し,現在の状態から目標とする高度な水準にまで順に無理なく到達させる」という教授法(プログラム学習)は現在では広く浸透しているが,こうした教授法はシェイピングの考え方がその基礎となっている。

1-3 動因

　生物が生きていくために体の内部環境を平衡に保つ必要がある。そのための内部調節機構を**ホメオスタシス**(homeostasis)というが,その働きにより私たちの体温や血液内の化学物質の濃度は,ほぼ一定に保たれている。しかし飢えや渇きのような場合,内部の調節だけでは不十分であり,外部環境に働きかけ食物や飲料の摂取のような行動により不足物を補給しなければならない。その際に行動を引き起こす生体内の条件を**動因**(drive)と呼ぶ。ところで,動因と類似した概念として要求,動機,欲求などがあげられる。これら概念については「過度の空腹は動因の低減を招くが,生物学的要求は高いまま」というように,それぞれの概念間に意味的な相違を主張するものもあるが,それぞれの区分について明確に整理されておらず,また,「明確な区別は必要ない」とする見解も多いため,ここではすべてを含む概念として動因を用いることとする。

　さて動因が存在しない場合,たとえば,満腹のネズミをスキナーボックスに入れた場合,容易に推測されるとおり,ネズミの条件づけは成立しないし,また,すでに学習されたオペラント行動もほとんど生じない。このようにエサが強化子として機能するためには,対象が「空腹」であり摂食の動因をもっている必要がある。ハル(Hull, C. L.)は従来の刺激-反応(S-R)理論に対し,動因という生体(O)の要因を考慮する必要があること,つまり,刺激-生体-反応(S-O-R)という図式により学習を理解すべきであると主張した。そのなかでハルは「刺激と反応が時間的に接近して生じ,それにより動因の低減がもたらされたとき,その刺激に対する反応生起の確率が高くなる」という**動因低減説**(drive reduction theory)にもとづく**強化の法則**を展開した。

　このことは，オペラント条件づけにおいて動因は必須の概念であり，動因の強度によって，学習の効率や学習された行動の表出に違いが出てくることを意味する。このため，条件の統制を厳密におこなう必要のある動物実験で報酬として餌を用いる場合には，通常一度ネズミを満腹にした後，絶食を開始してからの日数を操作することにより摂食に対する動因を操作している。一方，嫌悪刺激を用いる場合には，その刺激を避けることが報酬であるため嫌悪刺激の強度によって「避けたい」という動因を直接操作する。このような空腹や渇きを癒すこと，睡眠や性行動をおこなうこと，さらには痛みや苦しみから逃れることなどは，個体保存や種族保存の本能に直接関連した動因であることから生理的要求，または，**1次的動因**と呼ばれる。

　ところで，レスポンデント条件づけでは，「先行する条件づけで用いられたCSを後続の条件づけにおけるUSとして利用する」という高次条件づけが可能であった。オペラント条件づけにおいてもこれに類した現象がある。日常的な例では，私たちの金銭に対する要求があげられる。つまり金銭自体には，それを使って1次的動因を満たすものを獲得するという間接的機能しかないにもかかわらず，金銭は私たちを行動に駆り立てる強力な動因になっている。このように経験を通じて1次的動因が特定の対象と結びつくことにより構成された期待そのものが動因となりうる。このような動因を心理的要因，または，**2次的動因**と呼ぶ。2次的動因には，先の例のような金銭だけでなく，他人と協力したり友人をつくったりすることを求める「親和欲求」のような社会的動因や，困難を達成し他者を凌ぐことを求める「達成動機」のような内発的動因などがある。

　こうした2次的動因は，人間に特有なものではない。ウォルフ (Wolfe, 1936)は「自動販売機に青コインを投入すれば2個，白コインなら1個の干しブドウが出てくるが，真鍮のコインでは何も出てこない」という条件下でチンパンジーを訓練したところ，

1) チンパンジーが青と白のコインを選んで使用するようになったこと，
2) 自販機が使えない状態になると，白と青のコインを貯めたこと，
3) コインを報酬として他の課題の訓練が可能なこと，

という3つの事実が観察された。これらの結果は，チンパンジーがコインのもつ価値の違いを認識しうること，コインを食物と同じ報酬物としてみなすようになることを示している。

このように2次的動因は，人間以外の生活体にも一部それと認められるものも存在するが，必ずしもすべての生活体に共通に認められるわけではない。また，2次的動因は1次的動因のように直接的に生命維持に必要というわけではなく，あくまで1次的動因から派生したものにすぎないとして考えられるため，時としてその強度の点で疑問視されてきた。しかし私たちの周りをみると，前述の金銭に対するわれわれの執着のみでなく，ボクシング選手が厳しい減量に耐えたり，極端なダイエットにより健康を害したりという例が示すとおり，2次的動因が1次的動因を凌駕する場合もあり，一概にどちらが強いとはいえない。

1-4 社会現象への応用

これまでに学習したように，条件づけの手続きを用いることにより，新たな行動を発生させたり（シェイピング），その行動を一定の水準で繰り返しをさせたり（強化），不要な行動を起こらなくさせたり（消去，嫌悪条件づけ），さらにはなんらかの対象に価値を付与したり（高次条件づけ，2次的動因の獲得），情動を操作する（レスポンデント条件づけ）ことすら可能であると主張されてきた。実際，条件づけ研究をアメリカに広め，その流行により一時代を築いたワトソンは，「私に1ダースの健康で伸びやかな赤ん坊と，自由に選べる育児環境とを与えて欲しい。そうしたならば，私はそのうちの一人をランダムに選び，その本来の才能，嗜好，素質，親の職業，係累，人種の如何を問わず，どんなタイ

プの専門家にでも，すなわち医師，法律家，芸術家，大商人のいずれにでもしてみせよう。そう，乞食にでも，泥棒にでも」と述べている。こうした考えは，現在ではもちろん一般的とされていない。また，人間の行動レパートリーは直接的強化によりすべて説明できるほど単純でないことは明らかである。そこで，それに代わる反応様式の獲得過程として模倣の過程を例として取り上げよう。

　模倣行動については，比較行動学者ロレンツ(Lorenz, K.)により提唱されたインプリンティングにみられるように，ある部分については本能にもとづく行動であると考えられているが，ほとんどの模倣行動は後天的に獲得されたと考えるべきであろう。これまでの条件づけ研究では，「特定の行動の学習」を問題にしてきたが，ミラーとダラード(Miller, N. E. & Dollard, J.)は，模倣行動によって報酬が獲得されるという事態において，「特定対象による不定行動の模倣の学習」が可能であることを示した。つまり，模倣行動を「報酬によって強化される学習」としてとらえたのである。

(1) 一致-依存的行動

　ミラーとダラードは一連の実験により，模倣を①他者の反応が手がかりとなる，②手がかりが内的反応を導き出す，③内的反応が模倣動因を生み出す。模倣動因の強さはそれまでの模倣試行でうけた賞にもとづく，④模倣動因は模倣反応を活性化する，⑤模倣反応は賞を導き，さらに模倣動因の低減と後の試行で模倣が起こる確率の増大を導く，という流れによる行動であると考えた。そして反応の手がかりをモデル(模倣される人物)に「依存」し，反応内容をモデ

	リーダー	模倣者
動　　因	キャンディに対する嗜好 →	依存的 → キャンディに対する嗜好
手がかり	父親の足音 ―	同一の目標 → リーダーの小走り
反　　応	走ること	走ること
賞	キャンディを食べること	キャンディを食べること

出典：Miller & Dollard　1941　*Social Learning and Imitation.*

図II-1-6　一致-依存的模倣行動の図式

ルの行動に「一致」させる模倣行動の形成過程を以下のような典型的事例を示している(図II-1-6)。

　　[例]　2人の兄弟が，父親の帰宅を待ちながら遊んでいる。父親はいつも2人にキャンディをみやげに買ってくる。遊んでいる最中，兄は玄関で足音がするのを聞いた。兄にとってはそれが父親帰宅の手がかりであり，それにより階段の方に走るという反応が生ずる。一方，弟にとっては足音が弁別の手がかりとはなっていないため，走るという反応は生じない。いつもそのように兄が走っていっても弟はそこに留まり遊び続けていた。

　　ある時たまたま兄の後をついていった。すると父親がそこにいて2人にキャンディをくれた。この後，弟は同じような場面で兄が走る後をついて走ることが多くなったが，そこでキャンディを手に入れる機会が多くなったことによって弟の行動は安定し，さまざまな状況で兄が走り出すと弟も走り出すようになった。こうして弟は兄の行動を模倣することを学習した。

　このような一致-依存的模倣を強化理論にもとづいて説明する考え方は，現代でも部分的には認められていることであり，その後単純な運動活動から言語活動，果ては利他的行動や攻撃行動などさまざまな領域にまで適用範囲が広められていった。しかし，模倣者に与えられる賞(強化)が本当に必要であるのかなど，刺激と反応と賞のとらえ方やそれぞれの関連などについては，多くの議論の残るところである。

2. 学習における認知理論

　これまでの学習の例では，生体が実際の経験を通して新たな行動を獲得していく過程について，刺激と反応との連合という側面から説明するもの(**連合理論**)であった。しかし行動の獲得を考えた場合，そうした刺激と反応との連合という機械的連鎖にもとづく過程だけでは限界があり，周りを取り巻く環境刺激の相互の関係の認識や，意味という認知的要素にもとづく過程をとり入れた説明(**認知理論**)が注目されるようになった。

　学習における認知過程へ最初に注目したのは，経験の全体性を主張した**ゲシュタルト心理学派**のケーラー(Köhler, W.)であった。ケーラーは，ワトソン以来伝統的に常識とされていた「学習の連続性」に対し，学習の1回成立，つまり非連続的な学習の存在(**洞察学習**, insight learning)を示し，その後の弁別学習研究に影響を与えた。また，トールマン(Tolman, E. C.)もケーラーと同様，伝統的な分子的アプローチにもとづく強化理論に反対し，全体的アプローチの重要性を強調した。その過程で強化と学習との関連について「強化は学習を促進するものでなく，遂行を促進する」と主張し，無報酬の状態でもなんらかの学習(**潜在学習**, latent learning)が生じていることを実証した。

　さて，「練習・訓練などのような経験を通じ，ある程度持続する行動の変化を遂げること」という学習の定義は，生体が経験を記憶し，その記憶が行動に変化をもたらすことを意味する。つまり，学習には記憶が前提とされているのである。とくにトールマンのように，遂行と学習とを別物としてとらえるならば，「学習」と「記憶」とを区分することすらきわめて困難になる。以下，分子論的学習観に対する反論として後世に影響を与えた洞察学習と潜在学習，記憶についての一般的知見について述べた後，認知論的な模倣行動理論について

概説する。

2-1 洞察的学習

ケーラーは，①餌までのあいだに障害物があり迂回しなければ到達できない状況(迂り路)，②檻の外の手の届かないところに餌があり，手の届くところにある棒を用いて手繰り寄せなければ餌が手に入らない状況(道具の使用)，③高いところに餌が吊るされており，踏み台として利用可能な箱や結合可能な複数の棒のうちどれか2つ以上を使用しなければ餌が手に入らない状況(道具の作成)，という3つの状況を設定したうえ，それぞれの状況におけるチンパンジーの行動を観察した。一般に「類人猿の知恵試験」と呼ばれる一連の実験の結果，チンパンジーの問題解決行動が「なめらかで首尾一貫したものである」，「問題場面の構造や諸要素と高い対応関係を示す」，「それまでの行動を中断し突然生ずる」の3点が観察された。ケーラーはこのような学習を洞察的学習と呼んだが，この「洞察により1回の試行で成立する学習も存在する」という考え方は，ソーンダイクによる試行錯誤学習説以来の伝統となっていた「すべての学習は刺激と反応の結合が強まるにつれて漸増的に成立する」という考え方と真っ向から対立するものであった。ケーラーはチンパンジー以外にも犬や鶏に対して①の廻り路状況での行動観察をおこなっているが，その結果，洞察学習と呼べるものはチンパンジーにのみ認められた。ケーラーの洞察学習は，換言すれば，目標物と障害物との位置関係，道具および，道具製作のための材料といった「その場の構造を」目標に対して個々の事物をどうするかという「手段-目標」の文脈で「再体制化した」のだと考えられる。

2-2 潜在学習

私たちが複雑に入り組んだ路を目標地点まで行く場合，何度かその経路を辿

2．学習における認知理論

り路を覚えるにつれてスムーズに移動可能となる。こうしたスムーズな移動を可能にしたのは学習の結果であると考えられる。ネズミを用いた迷路の学習実験では、「ゴールに餌を置いておいた上で迷路のスタートからゴールまでの時間を計測する」という手続きを繰り返すが、その結果はこれまでのオペラント条件づけの例から類推されるように、試行が進むにつれて誤った経路に進む回数は減少し所要時間が短縮されるという過程が観察される。この経路の誤りの減少や所要時間の短縮理由については、それまでの「個々の要素の集合が全体（要素主義）」という考えに沿って「迷路を構成する個々の刺激事態を学習し、その連鎖によって迷路からの脱出が可能」とされてきた。

これに対しトールマンは「迷路を一つの配置あるいはパターンとして学習している」と考えた。初めの数試行はエサを与えず（無強化試行）、途中からエサを与え始める（強化試行）という手続きでネズミの迷路実験をおこなった結果、無強化試行のあいだはほとんど成績が変化せず、強化試行に入ると急激に成績が上昇し、最初から強化試行をおこなったネズミの成績と変わらなくなった。この急激な成績の上昇は、トールマンによれば「無強化試行のあいだに通路全体の構造についての認知が成立しており、強化を与えられることによって知識のなかからゴールへの経路の認知が顕在化されたため」ということになる。

全体構造の認知についてより直接的に示すため、トールマンは図II-2-1(a)

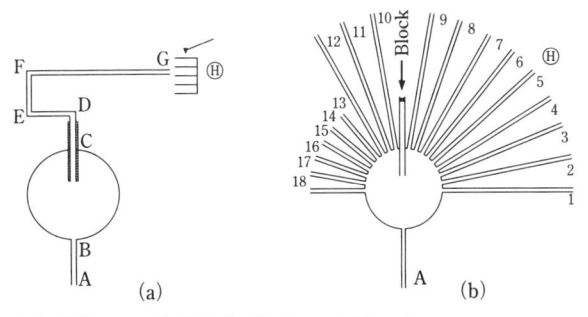

出典：Tolman *et al.* 1946 *Studies in spacial learning.*

図II-2-1 ネズミによる全体構造の認知を示すための訓練用迷路(a)と実験迷路(b)

に示した迷路でネズミに充分学習を積ませた後, 図II-2-1(b)の新たな迷路での ネズミの行動を観察した。新たな迷路では, 円形広場の先の真っ直ぐな通路は閉ざされ, 以前にはなかった多くの路が用意されている。スタートに置かれたネズミは, まず以前と同じ真っ直ぐな路を選択するが, 行き止まりであることがわかると, さまざまな通路を少しずつ行きつ戻りつした後, ゴールへの直線方向である5番目の通路を選択した。トールマンの説明によれば, これは「ネズミはゴールへの行き方ではなく, どこの場所にゴールがあるかを学習した」ことになる。このように, ある行動の結果が適切な目標に至るという手段-目的関係について認知（サイン・ゲシュタルト）の成立が学習であり, そのためには強化は必要ないとトールマンは考えたのである。

私たちの日常生活においても潜在学習に類した学習がみられる。たとえば, 通学路の途中の店や電車通学の場合の途中駅などは, とくに覚える必要がないにもかかわらずいつのまにか覚えていることが多い。これは**偶発学習**(incidental learning)と呼ばれる。これに対し, 記憶することを意識しつつ学習することを, **意図的学習**と呼ぶ。両者を比較すると, 一般に意図的学習は偶発学習より成績が良いが, 偶発学習をおこなっているあいだの心的活動の内容によっては偶発学習でも保持が良いことがわかっている。たとえば, 「店の名前が友人と同じ名前だった」とか, 「名前を見て, ふと面白い語呂合わせが頭に浮かんだ」などのように, 予備知識のある情報や興味のある情報に関連するものは, 意図的に覚えようとしなくてもよく覚えているものである。それは, 後述する処理水準説によれば無意図的に深い水準の処理をおこなっているためと考えられる。

2-3 記　憶

記憶という言葉は「以前の経験を覚えていて後でそれを思い出す過程」を表すが, その過程には, **記銘**(なんらかの経験を覚え込む)・**保持**(経験を維持す

2. 学習における認知理論

る)・**想起**(後になって記銘したことを思い出す)の3つの段階が考えられている。つまり，経験した事柄を後の時点で思い出せないのは，この3つの段階のいずれかが誤動作した結果である。今日，記憶研究は，認知心理学，生理学においてきわめて盛んにおこなわれているが，19世紀末にエビングハウス(Ebbinghaus, H.)による現代心理学初の記憶研究がなされるまでは「記憶研究は科学になりえない」として学問の対象外であった。この研究を契機として，「記憶過程」についての考え方や，記銘・保持・想起という各段階ごとの研究がおこなわれるようになった。

(1) 記憶過程

記憶には比較的短い時間内に消失するものと，かなり長期にわたって残存するものとがあり，前者を長期記憶，後者を短期記憶と呼ぶ。こうした記憶の区分は，かなり古くから認められていたものである。しかし今日では短期記憶よりさらに短時間で消失する感覚記憶と呼ばれるものを分離してとらえることもある(図II-2-2)。図中，**感覚記憶**とは1秒未満しか残存しない記憶である。われわれはテレビで人物の動きをごく自然なものとして見ているが，実際には少しずつ変化のある静止画像が1/30秒ずつ呈示されているに過ぎない。連続する画像の差分が運動として認知されるわけである(仮現運動)が，このことは私たちが1/30の画像を見て，前の状態との比較ができる程度の時間は情報が残存していることを意味する。このような感覚記憶の容量は無制限といわれるほど大きいが，保持時間がきわめて短いため情報のほとんどは意識されないまま消失している。次に**短期記憶**とは，たとえば「電話帳を見てからダイヤルを回し終えるまでしか覚えていない」ような，せいぜい数分間しか残らない記憶である。短期記憶では，膨大な量の感覚記憶から少量の情報をとり入れ，体制化・言語化により情報の加工をおこなう。近年の短期記憶のとらえ方は単なる貯蔵庫としての機能だけではなく，思考や行動のための作業領域としての機能を果たすと見なされている。このように重要な機能を果たすものの，感覚記憶や長

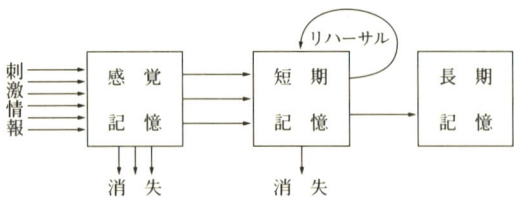

出典：村井　1988　記憶
図II-2-2　記憶過程のモデル

期記憶とくらべて容量がきわめて小さい。最後に**長期記憶**は，数時間，数日間，数年間，あるいは一生持続するような記憶で，その容量は無限ともいえる。短期記憶の情報の内，**リハーサル**されたもののみが長期記憶に保存される。

(2) 記　銘

われわれが一時に処理できる情報量には限界があり，感覚記憶に貯蔵された情報の内，「注意」を向けられた情報のみが短期記憶での処理対象となり，意識される。そのため注意は記憶の大前提として考えられる。注意は刺激自体の条件(強さ，繰り返し，変化，対比など)や，認識者の側の条件(習慣，要求，関心，感情など)により喚起されるが，とくに後者に関与するものは**選択的注意**と呼ばれる。選択的注意の研究ではヘッドホンを用い，左右同じ音量で異なる情報を呈示することによっておこなわれる。同時に呈示される2つの情報のどちらか一方を指定されると，それがどちらの情報であっても正しく内容を報告できるのに，逆側の情報はほとんど理解できないのである。このような意図的過程とは別に自動的過程と呼ばれるものもある。パーティ会場などでは，周りのざわつきが完全に雑音として処理されるため，意識に上らない状態になっているが，その雑音のなかに自分の名前や関心のある単語が出てくると，突然その会話が聞こえるようになるということ(カクテルパーティ効果)などはその代表例である。情報が意識され，さらにそれを覚えようとすると「何を，どれだけ，どのように」学習するのかが記憶に重大な影響を与える。

2．学習における認知理論　　*115*

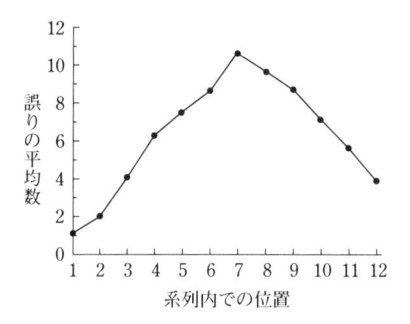

出典：Hovland 1938 *Experimental studies in rote learning theory*, III.

図II-2-3　系列位置効果の例

　まず「何を」に相当する部分であるが，記憶研究では個人の過去経験による影響を少なくするため，多くの場合「無意味綴り」と呼ばれる音節を用い，それらを一連の系列にして，または，ペアにして記憶材料とする。この場合，それぞれの要素が全体のなかのどこにあるかが重要な意味をもつ。学習材料の順番を一定にする場合，一般に系列の最初と最後は記銘されやすく，真ん中より少し後ろが最も記銘されにくい(**系列位置効果**：図II-2-3参照)。この特徴は，系列の数が少ない場合でも多い場合でも同様に観察される。また，学習される材料が文字の色・形などなんらかの特性によってグループに分けられる場合，少数のグループに属する材料がより記銘されやすい(孤立効果)。

　次に「どれだけ」に相当する部分であるが，ミラー(Miller, G. A.)は「人が一度に処理できる項目はおよそ7±2個である」とする結果を報告している。日常われわれはもっと多くの情報を処理しているように感じるが，それは複数の情報を何らかの文脈で一つに体制化するかたちでまとめ，そのまとまりをアイテムとして保持するためである。こうしたまとまりを**チャンク**，まとめることをチャンキングと呼ぶ。10桁の電話番号を覚えようとする場合などは多くの人が，市外局番(3桁)＋局番(3桁)＋番号(4桁)という3つのチャンクにまとめて覚えやすくしている。

　最後に「どのように」に相当する部分であるが，大きなテーマに「学習期間

中の休憩の効果」があげられる。スポーツやタイピングなど運動技能の習熟や，掛け算九九や外国語単語など言語材料の暗記学習では反復学習が欠かせないが，その際，時間的に連続して反復学習するか(**集中学習**)，途中に休憩をはさむか(**分散学習**)が学習効率に影響するというものである。この場合，時間的な学習効率(学習1時間あたりの学習量)をみると分散学習の方が集中学習よりも良く，忘却もされにくい。このように，一般に繰り返しおこなわれる単純作業の場合，適度に休憩を入れることにより作業効率が上がることが知られている。ただし，休憩を頻繁にとることは結果として学習期間を長くするため，試験前日の一夜漬け勉強のように時間制限がある場合には，適用できない場合もある。また，学習時間と休憩時間とのバランスや間隔などは課題によって異なるといわれる。

(3) 保 持

　心理学における最初の記憶研究者エビングハウスは自らを被験者として13項目の無意味綴り(子音＋母音＋子音などにより人工的につくられた無意味な単語)を記憶材料として，そのすべてを連続して2回続けて言えるようになるまで繰り返し学習した(原学習)。次に学習終了から20分，1時間，9時間，1日，2日，6日，31日の後に，同じ項目を再び2回続けて言えるようになるまで学習した(再学習)ところ，原学習より少ない時間で学習が終了した。このことは再学習時になんらかの原学習の記憶が残っていたことを示す。エビングハウスは『(原学習時間－再学習時間)／原学習時間×100』という式により節約率を算出し，有名な**忘却曲線**(図II-2-4)を示した。これによると，覚えてから9時間後までは急速に記憶内容が消失し，その後は徐々に消失している。このようにせっかく学習されたにもかかわらず，その多くは短時間の内に忘れ去られる。こうした忘却の量をできるだけ少なくするためにわれわれは**リハーサル**をおこなう。

　リハーサルには短期記憶のなかに情報を保持しておくための処理(維持リハ

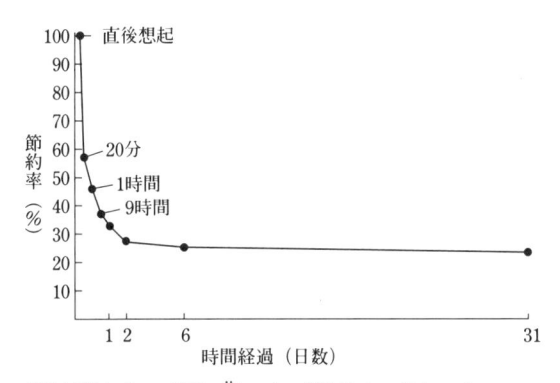

出典：Ebbinghaus 1885 *Über das Gdächtnis : Untersuchungen zur experimentellen Psychologie.*

図II-2-4　忘却曲線

ーサル)と，他の記銘項目との関連や既存の知識との照合など，意味的分析を含む処理(精緻化リハーサル)の2種類が想定されているが，後者の方が長期記憶に情報が保持されやすい。歴史年号を覚える場合に，丸暗記より意味的関連をもつ語呂合わせをおこなった方が一般に効果的であることなどから，このことは経験的に理解されるであろう。しかし精緻化リハーサルについても，そこでおこなわれる処理にはさまざまな段階が考えられる。クレイクとロックハート(Craik & Lockhart)の**処理水準説**は，記銘時におこなわれる処理の深さ(形態的処理<音韻的処理<意味的処理)によって，保持の程度が決まるとしている。

(a) **体制化**

前述のように長期記憶の容量は無限であるといわれているが，膨大な情報を長期間保持しておくためには，なんらかの秩序による情報の整理が必要である。この過程を**体制化**と呼ぶ。体制化は記憶術に関連してしばしば取りざたされるが，カテゴリー群化，イメージ化，階層的体制化などがあげられる。カテゴリー群化は，前述のチャンクとほぼ同義であり，たとえばイヌ，ネコ，ウマ，ヒツジといった単語を学習する際，「動物」というカテゴリーで括っておくというものである。次にイメージ化は「ネコ，机，本」という一連の単語を覚える際，「ネコが机に乗って本で爪とぎをする」というような具体的イメー

ジを想像するというものである。また階層的体制化とは、記憶内容を分類し、カテゴリー化した後、それらの関係を系統図のように上位概念と下位概念というように階層構造に整理しておくというものである。いずれもリハーサル段階で利用することにより再生量を増大させるとされている。

(b) 記憶の変容

記憶する材料は必ずしも言語のように簡単にリハーサルできるものばかりではない。たとえば図形や長い物語を材料とした場合、リハーサルが困難である。このため、直前に見聞きしたばかりのものであっても、再生する場合にその細部が省略されたり、文脈に合致するように変更されたりする。たとえばウルフ(Wulf, F.)は20種類の簡単な図形を見せた後、さまざまな時間間隔をおいて再生を求めた。その結果、再生された図形には**強調化, 標準化, 構造的変化**のいずれかの変容が生じていることが明らかになった(図II-2-5)。強調化とはAに示されるように、刺激図形の特徴が極端になることをさし、標準化とはBに示されるように、日頃見慣れた物に近づく変容をさす。Bの場合、記銘時に〈さじ〉と認識されたため、徐々に通常の〈さじ〉に近づいている。構造的変化とは図形として不安定な印象をもたらす部分が、安定した印象をもた

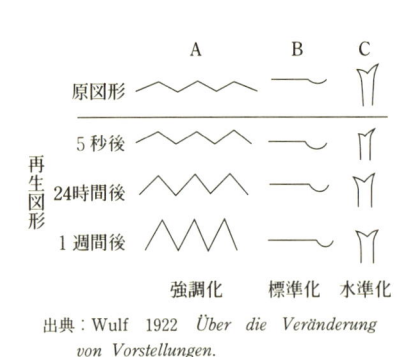

出典：Wulf 1922 *Über die Veränderung von Vorstellungen.*

図II-2-5　図形記憶の変容

出典：Carmichael *et al*., 1932 *An experimental study of the effect of language on the reproduction of visually perceived form.*

図II-2-6　記銘時のラベルづけと再生

らす方向へと変化するものである。Cの場合，原図形では右の角が長く不安定な印象を与えるため，左右の角の長さが等しくなるような方向へ変化している。また，カーミカエル(Carmichael, L.)らは，多義的な図形の記憶に際し言語的ラベルづけが重大な影響を及ぼすことを示した(図II-2-6)。ここでは刺激図形を被験者に呈示する際に，たとえば「窓のカーテンのようだ」と告げる場合と，「長方形の中のひし形のようだ」と告げる場合とでは，一定期間後の再生時に大きな差が認められること，その差異は図形呈示の際に告げられたラベルの方向に再生図形が変化したことにより生じたものであることを示した。またバートレット(Bartlett, F. C.)は，古代エジプトの象形文字のような図形を18名の被験者の最初の被験者に見せた後，リレー式に紙を用いて伝達させる形式の実験(図II-2-7)や，かなり曖昧性の高いアメリカ・インディアンの民話を何度も読ませたうえ，後日想起を求めるという実験をおこなった。それらの結果は，「記憶は定められた文脈に整合するように内容が脱落し，合理化され，細部が変容され，新しい要素が発明されたり導入されたりし，順番が入れ替わる」といった特徴を示していた。これによりバートレットは，記憶の変容は記銘時に意味認知されたものへ向かって整合性を高める再構築の過程であると結論づけた。

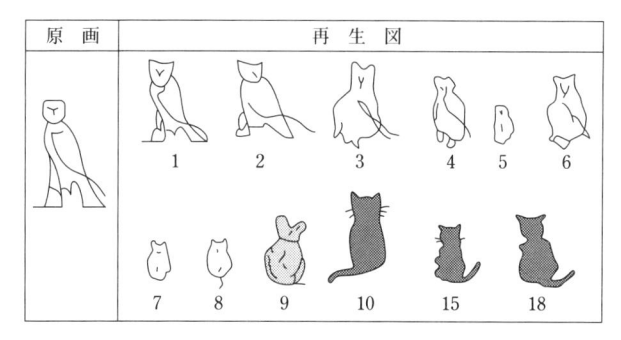

出典：Bartlett 1932 *Remembering : A Study in Experimental and Social Psychology.*

図II-2-7　リレー式伝達による図形記憶の変容

(c) 順向抑制・逆向抑制

エビングハウスの箇所で既述したように，時間の経過とともに記銘した事柄のかなりの部分は忘却される。しかし一定時間内に忘却される情報量は単純な時間の関数ではない。リハーサルのように記憶を促進する役割を果たす心的活動も存在すれば，逆に記憶を抑制する役割を果たす心的活動も存在する。それら心的活動には「記憶時以前の経験によって記憶が阻害される場合」(**順向抑制**)と，「記憶した後の経験によって記憶が阻害される場合」(**逆向抑制**)とがある。英単語を覚える場合に，「以前に誤って覚えてしまった意味が邪魔をしてなかなか正しい意味が覚えられない」というのが前者の例であり，「最初の10個の単語を覚え終わった後，次の10個を覚えたら前の10個を忘れてしまった」というのが後者の例である。こうした心的活動による抑制の効果については19世紀末にすでに指摘されているが，本格的に研究された契機となったのはジェンキンスとダレンバック(Jenkins, J. G. & Dallenbach, K. M.)による「睡眠時と覚醒時の保持」に関する実験である。彼らは同一の被験者に10個の無意味綴りの記銘を求め，心的活動の強弱(睡眠，覚醒)×記銘後の経過時間(1，2，4，8時間)という2要因8条件での再生テストを実施した(図II-2-8)。この結果から彼らは，「忘却は古い記憶に対する新しい記憶の干渉，抑制ないし抹殺である」と結論した。この研究は，一時期流行した睡眠学習の根拠となっているが，覚醒条件の場合，記銘の課題とは別の活動をおこなっているため保持率が悪くなったのであり，もしそのあいだにリハーサルをおこなえば，睡眠条件より高い保持が可能であるこ

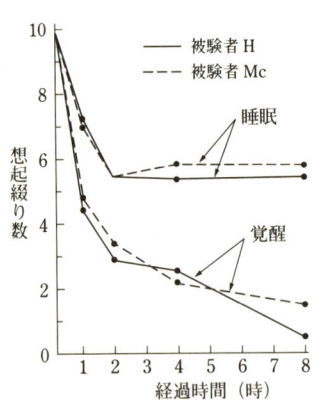

出典：Jenkins & Dallenbach 1924 *Obliviscence during sleep and waking.*

図II-2-8　覚醒時と睡眠時の保持率

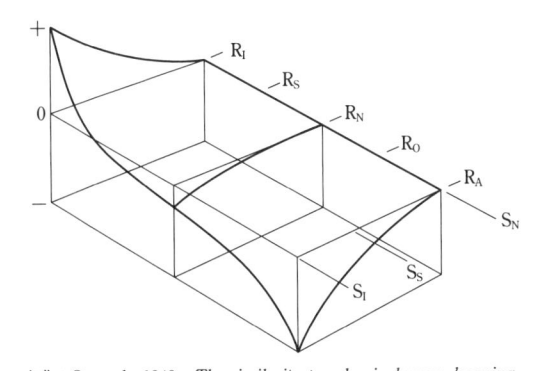

出典：Osgood 1949 *The similarity paradox in human learning.*
図II-2-9　刺激-反応の類似性による学習転移の効果

とはいうまでもない。

　このように記憶を保持するうえで，ある心的活動が促進的に作用する場合と抑制的に作用する場合とがあるが，この違いは活動内容の類似性によって説明されてきた。オスグッド(Osgood, C. E.)は，図II-2-9に示したような曲面仮説を提起し，心的活動の作用の方向を説明した。ここでは2つの学習材料で刺激も反応も同じ場合(維持リハーサルに相当)，最大に促進され，刺激のみが異なる場合，その類似度に応じて促進作用があり，また，刺激が同じで反応のみが異なる場合，類似度が低くなるほど抑制作用が強くなるという特徴を示している。この仮説が現状では最も広く認められるものではあるが，仮説から導かれる予測と現象とが一致しないものもいくつか報告されており，さらに検討を要する問題といえよう。

(4) 想　起

　記憶過程における最後の段階が，長期記憶に保持された情報を検索し抽出する想起過程である。情報の抽出には**再生**と**再認**という2種類があり，前者は記憶した内容を思い浮かべる過程であり，後者は目前にある情報内容が以前に記憶した内容と一致するかどうかを確認する過程である。再認と再生の共通点と

しては，一般に想起段階で「その内容を知っている」という感情(既知感)をともなうことである。これについてはすでに学習したように，その内容が必ずしも正しいとは限らない。保持の箇所で述べた体制化が，想起の段階においても生じているとする説もあるほどである。次に両者の相違点についてであるが，日常経験されるように一般に再認の方が再生より容易である。再生はできなくとも再認ならば可能という状態は，再生できなくなったからといって記憶が消失してしまったわけではないこと，再生と再認とは過程が異なる可能性のあることを意味する。

2-4 社会現象への応用

前章で述べたミラーとダラードの一致-依存的模倣行動は，模倣者の直接的経験にもとづいた強化理論であり，模倣者自身に報酬が与えられることを必要条件としていた。それに対しバンデューラ(Bandura, A.)は「模倣によって得られる強化は行動の遂行を促進するが，行動の獲得や学習には必ずしも必要でない」と考え，「観察により新たな行動の獲得は説明される」と主張した。つまり，自分が直接強化を受けなくとも，他者の行動に対して与えられる賞罰を観察することにより行動の強化や消去が成立するということである。

このことを実証するために，バンデューラは登場人物(モデル)が人形に攻撃行動をする場面を含む映画を幼児に見せ，視聴後の行動を観察した。その際，①モデルが暴力行為に対し賞を得る場面を見せられる群，②同じく罰を受ける場面を見せられる群，③前2群と比較するため攻撃行動を見せない群，の3つのグループに分け，観察をおこなった。そして，「攻撃行動を観察しなかった群の子どもには暴力行動は見られなかったが，攻撃行動を観察した群の子どもには暴力行動が認められた。とくに，モデルが賞を受けた群の子どもに攻撃行動が多く認められた」という結果を得た。バンデューラはこのような学習過程を**代理的学習(観察学習，モデリング)**と呼んだが，その理論は社会全般から大

きな関心を受けることとなった。

それというのも1950年頃からテレビの爆発的普及により「暴力番組視聴による子どもへの悪影響」という大きな社会問題が発生しており，代理的学習説は急成長をとげた民間放送局とスポンサー企業にとって，好都合なものであったからである。彼らは代理的学習の文脈の一部，つまり「子どもに暴力番組を見せても，暴力をふるった当事者が罰を受けるのを見せることにより，模倣は生じない」という部分のみを喧伝材料とて活用した。これを根拠としてその後垂れ流し的に「暴力番組」が放送された結果，今日再びV-チップ問題という大きな問題になっている。以下，代理的学習について概略を述べることとする。

(1) 代理的学習

観察による模倣行動の過程は，「注意-保持-運動再生-動機づけ」の4つの過程を経る。このうち**注意過程**では，「モデリング刺激(モデルとなる他者についての際だった特徴，感情的誘意性，複雑性，伝播性，機能的価値)」と「観察者の特質(欲求，感覚的能力，覚醒水準，知覚的構え，先行経験としての強化の歴史)」により観察者の注意の水準が決定される。注意を向けられたときのみ学習が促進される。次の**保持過程**では，「象徴的コーディング(モデルの活動をそのまま取り込んだ視覚イメージ)」，「認知的体制化(情報の貯蔵と保持を容易にするためにモデルの活動を言語化したもの)」，「象徴的リハーサル(モデルの活動を頭のなかで繰り返し想起すること)」，「運動リハーサル(モデルの活動を実際に身体を使って練習すること)」により保持の努力をおこなう。さらに**運動再生過程**では，観察された行動パターンを単位に分解した後，認知的に体制化し，実際に繰り返し練習するなかで自己のパフォーマンスの評価・修正をおこなう。最後に**動機づけ過程**では，モデルに与えられた賞と自己のパフォーマンス評価とを考慮し，模倣行動によって自ら賞を得る**期待**を形成する。前述のごとく，この期待は観察者の模倣行動の「遂行」を活性化することであり，「行動の学習」とは区別されている。

(2) 代理的学習の効果・応用

　代理的学習には抽象的規則を伝達する効果がある。観察者は，周りにいる多くのモデルが示すさまざまな行動から共通の特徴を抽出することにより，具体的な概念定義の困難な事象(抽象概念，社会的規範など)の構造的特徴を理解する。たとえば「美しい」という言葉の意味は，モデルが美しいと判断したものから観察者が一般的特徴を抽出することにより獲得されるのである。人によって「美しい」と感じるものが異なるのは，人により先行経験が異なるためである。また，「やって良いことと悪いこと」といった社会的規範の獲得についても，行動レパートリーのすべてについてその善悪を教えることは不可能なことから，いくつかの例を基に共通的特徴を抽出して理解していると考えられる。

　代理的学習にはさらにその応用として**代理的レスポンデント条件づけ**も考えられている。レスポンデント条件づけによる恐怖反応の獲得については前述のとおりであるが，バンデューラたちはこの過程を代理的に，つまり観察することにより学習することができると考えた。これによれば，「快-不快といった情動を喚起しない中性刺激にモデルが接近した結果，不快な体験をした」という場面を観察すれば，恐怖反応を条件づけられ，「不快や不安を喚起する刺激にモデルが接近しても，とくに不快体験をしない」という場面を観察すれば，恐怖反応が消去できることになる。バンデューラはこのような過程を，心理療法や社会的に不適応とされる行動の矯正に関連づけるべきであると主張したが，現在の認知行動療法に取り入れられている。

●引用文献（II部1，2）

Bartlett, F. C. 1932 *Remembering : A Study in Experimental and Social Psychology*. Cambridge University Press.（宇津木　保・辻　正三訳　1983　想起の心理学　誠信書房）

Carmichael, L., Hogan, H. P., & Walters, A. A. 1932 An experimental study of the effect of language on the reproduction of visually perceived form. *Journal of Experimental Psychology*, 15, 73-86.

2. 学習における認知理論

Ebbinghaus, H. 1885 *Über das Gedächtnis: Untersuchungen zur experimentellen Psychologie*. (Dunker und Humbolt, H. A. Ruger & C. E. Bussenius (Trans.) 1911 *Memory : A Contribution to Experimental Psychology*. Teachers College. 宇津木　保訳　1978　記憶について　誠信書房)

Holland, J. G., & Skinner, B. F.　1961　*The analysis of behavior*. McGraw-Hill.

Hovland, C. I.　1938　Experimental studies in rote learning theory, III. Distribution of practice with varying speeds of syllable presentation. *Journal of Experimental Psychology*, 23, 172-190.

Jenkins, J. G. & Dallenbach, K. M. 1924 Obliviscence during sleep and waking. *American Journal of Psychology*, 35, 605-612.

Keller, F. S., & Schoenfeld, W. N.　1950　*Principles of Psychology*. Appleton-Century-Crofts. (小野　茂・村田孝次訳　1953　心理学の原理　三和書房)

Miller, N. E., & Dollard, J.　1941　*Social Learning and Imitation*. Yale University Press. (山内光哉・祐宗省三・細田和雄訳　1956　社会的学習と模倣　理想社)

村井則子　1988　記憶　黒田正典・徳田安俊・木村　進(編)　改訂・一般心理学　八千代出版

Osgood, C. E.　1949　The similarity paradox in human learning: A resolution. *Psychological Review*, 56, 132-143.

Thorndike, E. L.　1898　Animal intelligence. An experimental study of the associative process in animals. *Psychological Monograph*, 2 (8).

Tolman, E. C., Ritchie, B. F., & Kalish, D. 1946 Studies in spacial learning: I. Orientation and short-cut. *Journal of Experimental Psychology*, 36, 13-24.

Watson, J. B. 1924 *Behaviorism*. Copyright renewed ed. (1952). Norton. (那須　聖訳　1942　人間は如何にして行動するか　創元社)

Wolfe, J. B. 1936 Effectiveness of token-rewards for chimpanzees. *Comparative Psychological Monographs*, 12, No. 60

Wulf, F.　1922　Über die Veränderung von Vorstellungen (Gedächtnis und Gestalt). *Psychologische Forschung*, 1, 333-373.

●参考文献（II部 1, 2）

東　洋・大山　正・詫摩武俊・藤永　保編　1970　心理学の基礎知識　有斐閣

東　洋・大山　正・詫摩武俊・藤永　保編　1973　心理用語の基礎知識　有斐閣

Chance, P. 1979 *Learning and Behavior*. Wadsworth.

岩下豊彦　1999　心理学　金子書房
本明寛　他　1985　現代心理学入門　実務教育出版
大山　正・詫摩武俊・金城辰夫編　1971　心理学を学ぶ　有斐閣
Pavlov, I. P. 1927 *Lectures on the Work of the Cerebral Hemispheres*. State Publishing House.［原書はロシア語］G. V. Anrep (Trans.) 1927 *Conditioned Reflexes*. Oxford University Press.（林　髞訳　1937　条件反射学　新潮文庫　川村　浩訳　1975　大脳半球の働きについて——条件反射学　岩波文庫）
Reynolds, G. S. 1975 *A Primer of Operant Conditioning*. Scott, Foresman & Co.（浅野俊夫訳　1978　オペラント心理学入門　サイエンス社）
Shaw, M. E. & Costanzo, P. R. 1982 *Theories of Social Psychology*. McGraw-Hill.（古畑和孝監訳　1984　社会心理学の理論Ⅰ, Ⅱ　サイエンス社）
Thorndike, E. L. 1911 *Animal Intelligence*. Macmillan.

3．動機づけと学習意欲

3-1　動機づけの種類

(1)　動機づけとは

　私たちは,「おなかがすいたから何か食べる」「のどが渇いたから水を飲む」「喜ぶ顔が見たいからプレゼントを買う」「オリンピック選手になりたいから練習する」というように，生命維持に必要なレベルから対人関係や自己実現に至るまでさまざまであるが，何かを達成しようとする行動をとっている。これを心理学的には**動機づけ**(motivation)という。動機づけとは「目標達成のための推進力」，あるいは，「ある目標を達成するために行動を起こし，それを持続し，目標達成へと導く内的な力」と定義される。他にも生物や人を動かすものとして，動機，動因，欲求，要求などといった言葉が用いられている。動機づけは一般的には**意欲**と同義であるが，意欲の方が勉強や仕事など比較的高尚な活動に対して使われることが多い。

(2)　コンピテンス動機づけ

　ハーロウ(Harlow, H. F.)によるとサルに複雑な鍵のパズルを与えたところ，サルはパズル解きに勤しみ，12日間も熱中して，ついには解いてしまったという。この行為に対しては何の強化(報酬としての餌)も与えられなかったにもかかわらず，パズルを解くという課題が遂行されたわけである。ハーロウはこのようなサルの行動を**探索動因**という概念で説明した。
　ホワイト(White, R. W.)は幼い子どもたちに「周りの環境と効果的に相互交渉できる能力」があると主張し，この能力を**コンピテンス**(competence)と名づ

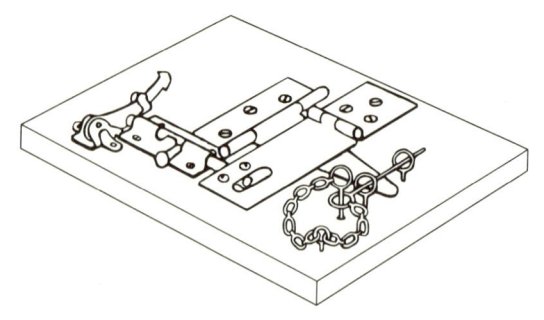

出典：Harlow 1950 *Learning and situation of response in intrinsically motivated complex puzzle performance by monkeys.*

図II-3-1　パズル

けた。コンピテンスとはサルや人間がもつ能力や有能さを意味する概念である。私たちは自分の活動が環境に変化をもたらしたときに効力感という快の体験をする。幼児は自分から何らかの行動を起こし，その行動によって周りの環境が変化することを喜ぶのである。これはホメオスタシス性動機づけ，動因低減説では説明できない。そして，このような効力感を追求する動機づけを**コンピテンス動機づけ**と呼んだ。

　同様に，環境内に刺激を求める感性動機，新奇動機，環境との関係を理解しようとする認知動機，行動すること自体を求める活動性動機，また，人はすでにもっている知識から適度にズレを生じる情報に遭遇した場合，そのズレを解消しようとして積極的に行動を起こすという認知的な動機などが指摘されている。私たちは身の回りの事象を整合的に理解したり，事象の因果関係を追求して普遍的な法則を探ろうとする傾向をもつ。適度なズレは概念的葛藤を引き起こすので，新しい情報を理解し取り込もうという要求が生じる。

　ヴィゴツキー(Vygotsky, L. S.)は，ある課題を子どもに与えた場合，誰からも援助を受けることなく独力で解決できる水準(今までの発達の結果のレベル)と，大人からヒントを得たり仲間同士協力し合うことによって達成できる水準(今よりも少し上のレベル)があると考えた。今の発達水準よりも少し上の水準

は，教育を受けて次に発達する領域とその可能性を示すもので**発達の最近接領域**と名づけられた。この領域を開くことが教育的かかわりであり，それによって子どもの発達を促進すべきであると主張される。いいかえれば，「発達の最近接領域」とは，適度なズレに着目し内発的な発達意欲を引き出そうということで，広い意味ではピアジェの均衡化理論も同類に属すると考えられる。

なお，コンピテンス動機づけには，同義語として「エフェクタンス動機づけ」，そして後述する「内発的動機づけ」がある。

3-2 内発的動機づけ

(1) 内発的動機づけと外発的動機づけ

学習意欲にかかわる動機づけは，自発性と外発性，目標と手段という観点から，大きく2つに分けることができる。学習に自分から進んで取り組む自発的な動機づけを**内発的動機づけ**(intrinsic motivation)という。活動自体が魅力であり目標である場合である。「何気なく手に取って読み始めた本がおもしろくて一晩で読みきってしまった」「上手に演奏できるようになりたくて，寸暇を惜しんで練習する」などがある。内発的動機づけとは，その活動自体から引き出される喜びや満足を求めて，自律的，自発的に活動がなされることである。学習者は他者からの評価や強化とは独立に，自分で自己活動やその結果を評価し，自己強化に至る。

それに対して，**外発的動機づけ**(extrinsic motivation)とはその活動自体とは本来関係のない目的のためになされる場合で，その活動自体は別の目標を達成するための手段となっている場合をいう。同時に，周囲の他者から要請あるいは命令されて，それに従ってなされる活動という意味をもつ。賞罰に代表される外的強化の操作によって学習を促進させることであり，学習者は受動的である。「次のテストで落第したら小遣いを減らすと言われたのでしかたなく勉強する」「宿題なので感想文を書く」などがそれにあたる。

現在の学習指導要領では「自ら学ぶ(学習)意欲」が重要な教育目標として掲げられるようになり，内発的動機づけによる学習活動の充実がより一層求められている。

(2) 内発的動機づけの条件

デシとライアン(Deci & Ryan, 1985)によれば，内発的動機づけあるいは内発的学習意欲を支える要素として，次の3つがあげられる。

① 有能感・効力感

これは自己の能力を発揮しようとするコンピテンスの要求で，「自分にはできる」という気持ち。

② 自己決定感・自律性

自分の行動は自分の意志で決定したいという要求で，「他の誰かに命令されるのではなく自分が好んで決めている」という気持ち。他者の力によって支配され活動がなされるのではなく，自己決定にもとづいて活動していると感じていることである。

③ 関係性・他者受容感

他者との関係において肯定的な自己像を得ようとする対人関係の要素で，「自分は周囲の大切な人から受容されている」という気持ち。たとえば学業において努力してよい結果を得た場合に，教師や親から努力と結果を十分に認めてもらえば，自己評価は上がり自己有能感は高まる。それによってさらに先へと進む意欲が芽生えてくるはずである。ところが，「そんなことはあたりまえ」とか「もっと頑張らなければいけない」など，無視や否定的な評価，承認してもらえない場合には自尊感情を下げ，有能感の喪失を招く。だれかに認めてもらいたいという要求は大人にもあるが，人格形成期の幼児や児童・生徒に対して，受容・承認はとくに重要な要素といえるだろう。

これらの他に内発的動機づけの条件を加えるならば，次の2点があげられよう。

〈楽しさ〉〈満足〉

〈知的好奇心〉〈達成〉〈挑戦〉
「内発的学習意欲」の現れ

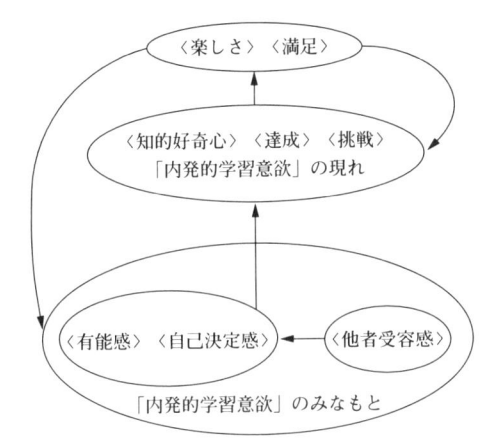

〈有能感〉〈自己決定感〉 ← 〈他者受容感〉
「内発的学習意欲」のみなもと

出典：桜井茂男　1997　学習意欲の心理学　誠信書房
図II-3-2　内発的学習意欲の発現プロセス

④　ズレの認知・概念的葛藤

適度なズレは驚きや，疑問，もっと知りたいといった知的好奇心の源である。運動的技能についても同様で，現在の技能レベルからかけ離れたことならばやる気も起きないだろうが，「もう少し練習すればきっとできるようになる」水準の技能であれば習得への意欲が湧き，挑戦する気持ちが生まれるだろう。

⑤　自己目的性

報酬を得るための手段としてではなく，その活動自体が目的であること。「できるようになりたい」という気持ちで練習している場合や，「どうしてそうなるのか知りたい」と思って調べている場合などをさす。

3-3　無気力

(1) 学習性無力感

セリグマン（セーリックマン，Seligman, M. E. P.）らは嫌悪刺激（この場合は電気ショック）を与え続けられ，かつ自分の力では嫌悪刺激を止めることができな

い状態にあった犬が，電気ショックを自力で止める経験をした犬や，そのような電気ショックを与えられなかった犬に比べると，その後の回避条件づけや逃避条件づけにおいて，著しく訓練成績が悪いことを見いだした。自分に襲ってくる電気ショックを止めたくても止められないという経験をすると，犬は自力で不快な状況から脱出しようという動機づけすら失ってしまい，別の事態においても嫌悪刺激が過ぎ去るまで耐えるだけだったという。そして，このように環境に働きかける有能感を失って無気力状態になることを**学習性無力感**(学習性無気力，learned helplessness)と名づけた。犬は自分の行動によって自分がおかれた状況をコントロールできないということを学習した，すなわち自己の無力を学習したのだと解釈されている。

同様の実験結果が人間においても報告されている。ヒロト(Hiroto, D. S., 1974)によれば，何をしても止められない騒音にさらされた大学生の被験者は，今度は自力で止めることが可能な状況におかれたときでも，嫌悪刺激を止める行為をしなくなる傾向がみられたという。またその他にも，解決不可能な問題を与え続けられることで，解決可能な問題でも解こうとしなくなる傾向が見いだされ，被験者は不安が高まったり実験者に敵意を抱いたりという情緒的混乱を生じることなどが確かめられている。自分がコントロールできない不快な経験をすることは，私たちを受動的で無気力な状態に追い込むのである。

ただし，人間に関しては，統制不能な嫌悪事態にさらされても無力感が学習されない場合があることが，その後の研究において報告されるようになったので，セリグマンらは学習性無力感理論を次のように改訂している(Abramson et al., 1978, Seligman et al., 1979)。もしも，不快な事態を自分でコントロールできなかった原因が，自分の能力不足にあると考えるならば，次の同様の不快な事態においてもやはりコントロールは不可能であると予測するはずである。しかし，原因が自分の努力不足にあると考えるならば，次の不快な事態をコントロール不可能とは予測しないであろう。このように統制不可能の原因を自分の何に帰属するかによって無力感に陥るか否かが左右されるという考えである。

コントロールできない不快な出来事の原因が内在的であるほど，自尊心（自己評価）は低下し，無気力は生じやすい。「できなかったのは自分に能力がないからだ」と原因帰属することは，その状況に対処する自己有能感を失うことである。また，コントロールできない不快な出来事の原因が安定的であるほど，その無気力は慢性化し，不快な出来事の原因が一般的であるほど，無気力は一般化すると考えられる。たとえば，ある生徒が学業成績の不振を「自分は頭が悪い」せいであると考え，「定期試験ではいつも決まって落第点をとる」のであれば，学業そのもの延いては学校生活を続ける気力を失う可能性がある。

無気力はおかれた環境によってつくり出されるものであり，考え方ひとつで自分自身を無気力に追い込んでいくのである。

(2) 無気力を生む要因

学習性無力感とは，何度も失敗を繰り返したことが原因でやる気を失うことばかりではない。自分から環境に働きかけても何も変化が生じないという事態は不快な状況でのみ起こるわけではないからである。たとえば，一生懸命仕事をしても，あるいは全くしなくても一定の賃金が支払われる状況では，仕事に対する動機づけは失われていくだろう。また，順位をつけない「かけっこ」は競争ではない。「みんな手をつないでゴールする」のでは一生懸命走るという行為は無駄であるから，力を出し切って走らなくてもよいわけである。

意欲をもって取り組んだことが正当に評価されなければ無気力を生むことになる。すなわち，成功や失敗といった結果の正しいフィードバックが，自分の行動に随伴するかどうかが重要といえるだろう。自分がやればやっただけの成果が現れることが必要なのである。

ド・シャーム（deCharms, 1968）は**オリジン**（orijin）と**ポーン**（pawn）という概念を提案している。チェスのゲームにたとえれば，オリジンとはチェスの指し手のことで，ポーンは盤上の駒のことである。オリジンは自分の意志で動いている状態で，ポーンは他者に動かされている状態にあたる。オリジンは自己決定

感をもっているが,ポーンにはない。ポーンは指示されるとおりに動くだけであって,動機づけすらないのかもしれない。これを学習者に置き換えてみると,意欲をもって学習するためには学習者はオリジンでなければならないことがわかる。学習者の始発性が必要なのである。「勉強しなさい」と言われて勉強する場合,学習者は他者の統制を受けて勉強を始めるわけであるから,始発性はない。「そろそろ勉強しようかな」と思っているところへ「勉強しなさい」と言われるのは,学習者をオリジンからポーンに一転させることであり,学習意欲を減退させる効果は絶大である。学習行動においても,自分の行動は自分の意志でコントロールしているという感覚が大切なのである。用事を言いつければそつなくこなすけれども自分からは動けない「指示待ち」の人々も,一種の無気力状態と考えられる。

3-4 内発的動機づけに与える外的報酬の影響

(1) 内発的動機づけと金銭報酬

強化理論で扱ったように,外的報酬はオペラント行動の成立に大きな役割を果たしているが,ご褒美や金銭,称賛といった外的報酬を求めて行動を起こすことは外的統制を意味し,その行動自体は外的報酬を得るための手段としてなされるわけで,外発的動機づけによる活動ということになる。だが,内発的動機づけで始められた活動に外的報酬が与えられるという事態は,現実には起こりうる。そこでは自律性と目的性において矛盾が生じることになる。

デシ(Deci, 1971)は大学生を被験者に,内発的動機づけに対して金銭報酬が及ぼす影響について,次のような実験をおこなった。課題は積み木をつなぎ合わせて特定の形を作る「ソマ」という名前のパズルである。一人ずつこのパズルを解くのであるが,第1セッションでは皆普通に解いてもらい,第2セッションでは,実験群の被験者にはパズルが解けるごとに一定の金銭を与えることが約束され実際に金銭が支払われた。一方,統制群の被験者には金銭報酬の約

表Ⅱ-3-1　自由選択時間中にパズル解きに従事した時間（秒）の平均値

群	第1セッション	第2セッション	第3セッション
実験群（n=12）	248.2	313.9	198.5
統制群（n=12）	213.9	205.7	241.8

出典：Deci 1971 *Effects of externally mediated rewards on intrinsic motivation.* を改変

束はされず実際に何も与えられなかった。そして第3セッションではどちらの群の被験者も，第1セッション同様何も報酬が与えられずにパズル解きが開始し，2問終了したところで実験者に用事ができて被験者はひとり部屋に残され自由に待つという状況におかれた。この自由に待つ時間は8分間で，部屋の中にはソマパズルの他にも雑誌や玩具が置いてあって，被験者は何を使って時間をつぶしてもよいと告げられた。実験のねらいは，その待ち時間に被験者がソマパズルで遊んでいたかどうかを観察することにあったのである。

　第1セッションと第3セッションのパズル解きに従事した時間を比較すると，実験群では有意な減少をしていたが，統制群ではそのような違いはみられなかった。すなわち，金銭が支払われるという外的報酬が，パズルを解くという活動の内発的動機づけを減少させたと考えられる。

(2) 外的報酬を約束することの影響

　レッパーら（Lepper *et al.*, 1973）はある保育園で園児たちが自由に遊ぶ場面を観察し，「マジックペンで絵を描く活動」をした園児をチェックして，それに費やした時間を測定しておいた。そして後日，保育園でその園児を個別に呼びだして初対面の実験者を「子どもたちがどんな絵を描くのか調べに来た人」だと紹介して，マジックペンで絵を描いてもらうという実験をおこなった。このとき被験児たちは，絵を描いてくれたらきれいな賞状をあげると約束される「ご褒美予期群」と，絵を描く前にはご褒美の約束はしなかったが描いた後に賞状をもらえる「予期せずにご褒美をもらう群」，そしてご褒美の話題は全く

表II-3-2　自由選択場面において，被験者が，実験で使われた活動で遊んだ時間の平均パーセンテージ

実験条件	n	%
ご褒美予期群	18	8.59
予期せずにご褒美をもらう群	18	18.09
ご褒美なし群	15	16.73

出典：Lepper *et al.* 1973 *Undermining Children's Interest with Extrinsic Rewards.* を改変

出ない「ご褒美なし群」の3群に分けられていた。この出来事の後7日～14日たってから，通常の保育時間において，再び被験児たちが自由遊びのときにお絵描きをして遊ぶ時間が測定され，実験者に絵を描いてあげた経験がお絵描きへの興味に対してどのような影響を及ぼしたのかが考察された。

その結果，実験後に自由遊びでお絵描きを選ぶ時間が有意に少なくなったのは「ご褒美予期群」の被験児たちだけであった。「ご褒美なし群」と「予期せずにご褒美をもらう群」とはそのようなことはなく，むしろ僅かであるがお絵描きをする時間は増えていた。この結果は「ご褒美を約束されてその手段としてお絵描きをした」という認知が「ご褒美予期群」の子どもたちからお絵描きへの興味を薄れさせたと解釈できる。この結果から，内発的動機づけでおこなわれている活動に対して報酬を与える約束を付加することは，その活動への関心を減少させる危険性があることがわかる。さらに，実験中に描かれた絵の質を他の人々に評定してもらったところ，「ご褒美予期群」の絵は他の2群に比べて丁寧さや熱心さなど質的に劣っていたという。興味すなわち内発的動機づけの減退は，絵の出来栄えという活動の質にも表れていたと考えられる。

このように，報酬をもらうことを「約束」あるいは「予期」して何らかの課題に従事すると，その課題に対してもともともっていた内発的動機づけが低下してしまう。報酬を得るためにその活動に従事するということは目的性を低めることであり，報酬を約束してくれた人によって自分はコントロールされているという気持ちは自律性を失うことである。よって，内発的動機づけが外発的

動機づけにすり替えられてしまう。

(3) 報酬の約束が内発的動機づけを損なわない場合

桜井(1997)は，外的報酬を約束した人と学習者の関係性が強い場合には，内発的動機づけが損なわれないことを指摘している。報酬を約束した人は学習者をコントロールすることになるが，その人物を学習者が好意的に思っているならば，外的統制という感覚は生じにくい。「好きな人のために喜んで絵を描く」ことと，「嫌いな人に絵を描かされた」こととは同じ活動でもずいぶん違う。このような気持ちのもち方はどんな学習場面にもかかわりをもつものと考えられる。教師と児童・生徒という間柄であれば，まず信頼できる対人関係を築くことが重要になる。そして，内発的に動機づけられている活動(教科学習でも部活動でもボランティアや掃除や動植物の世話などでも)に対しては安易に外的報酬を付与しないように注意が必要といえるだろう。

3-5 学習意欲の段階に応じたかかわり

(1) 無気力を脱するための外的報酬

桜井によると学校活動に関する学習意欲は，内発的学習意欲と，外発的学習意欲，そして無気力に分類される。ここでの無気力とはエネルギーがない状態を表している。

無気力な状態では活動を開始するきっかけとして，外的報酬を与えることがある程度有効である。簡単に達成できるレベルの課題を与えて，それが達成できたら必ず報酬を与える。最初の一歩が踏み出せなければ何も始まらないからである。

もちろん，教師は受容的に接し，少しずつでも課題に取り組めるようになった学習者を称賛することが大切である。その際，成績や出来栄えに対して外的報酬を与えるというよりも，課題に取り組んだという事実や達成までの学習者

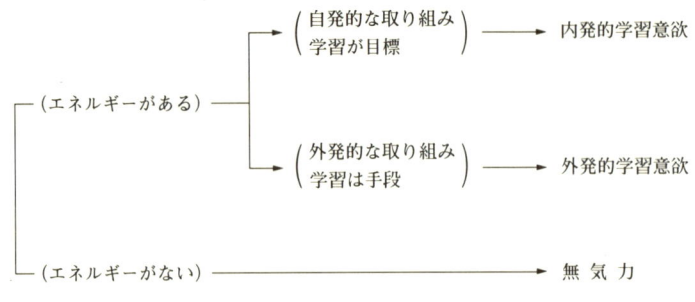

```
                    ┌─(自発的な取り組み)──→ 内発的学習意欲
      ┌─(エネルギーがある)─┤  学習が目標
      │             │
      │             └─(外発的な取り組み)──→ 外発的学習意欲
      │                学習は手段
      │
      └─(エネルギーがない)─────────────────→ 無 気 力
```

出典:桜井茂男 1997 学習意欲の心理学 誠信書房

図Ⅱ-3-3 学習意欲の分類

の努力に対する称賛を心がけるべきである。他者に受容され理解され,学習が積み重ねられていけば,無気力な学習者にも自己の努力や能力が信じられるようになる。そうなれば自尊感情も少しずつ高まって自ら行動を起こすエネルギーが出てくると考えられている。

(2) 学習意欲に応じた接し方

無気力の次に外発的学習意欲の段階がある。何か別の要求や目標があってそのために外発的動機づけで活動が進められている場合では,学習者の自発性・自律性と目標性をなるべく高め,知的好奇心や挑戦心といった内発的学習意欲につながるような働きかけが望まれる。外的報酬としては十分に認めて称賛したり,励ましたりすることが有効とされる。他者によって行動をコントロールされているという感覚ではなく,学習者自身が望んで活動に従事しているという充実感が得られるような温かい人間関係であるべきことはいうまでもない。

最終的には内発的学習意欲によって活動がなされる段階がある。この状態では外的報酬はマイナスの効果しかもたらさない。活動のすべては学習者の主体性と自由意志によってなされる「自ら学ぶ」状態にある。学習者が自分で設定した目標を努力して達成したときには自分自身を認め,自分の力を信じ,次への可能性が自然と開けてくる。ここでは自己強化(self reinforcement)が成立し

ているので，外的報酬は必要ない。教師や保育者，親たちがとるべき態度はあたたかく見守ることであろう。もちろん，援助を求めてきた場合には，単に突き放すのでも代わりに解決してしまうのでもなく，ヒントを与えるなり，解決に至る糸口を示してやることが必要である。「困惑」は内発的動機づけの発現因であるが，途方に暮れて活動を停止してしまうのは「よい困り方」とはいえない。余計な介入はしないけれども，いつも関心を向けているという姿勢が学習者を信頼し尊重するということではないだろうか。

(3) 教師のあり方と学習者の自律性

　学習行動全体に対して，学習者が自律的な統制感をもつことが重要であるから，そのためには児童・生徒が自分の意志で選択する場面を経験し，自己決定力を培うこと，そして自分で選択したことならば責任をもって取り組むという自己責任を担うことが求められるが，これらの難しさを市川(1995)は次のように述べている。

　教師もまた統制欲求をもった存在なので，「(教師である)自分が学習にしむけたので成績が良くなった」というように，学習者の成功を自分の指導の良さに帰属したいのである。この気持ちが高まると学習者の自律性と衝突することになる。また，学習者の自己選択に任せて学習が失敗したり，学習しないことを選択したりする場面も生じるはずである。必要十分な介入や援助は不可欠であるが，教師はつい「おしきせ」や「おせっかい」になりがちで，結局学習者の自己選択の機会を奪ってしまう。さらに，受験勉強のように，重大な選択場面で学習者が失敗しそうで不安な状況に陥ると，失敗の原因を自分自身に求めたくない(自己の責任としたくない)ので教師に頼ってくることがある。「先生のいうとおりにやったのだから，失敗しても自分のせいではない」ということになる。これが教師側の統制欲求と合致すると，学習者は意志をもたずに動かされるポーンの状態と化してしまう。

　自分で考え行動できる人間を育むためにはどのようなかかわりを目標とする

べきなのか，今日の教育は変革を求められている。教育にかかわる者としては，学習場面に限らずとも内発的動機づけによって児童・生徒が生き生きと活動できる場を提供していく姿勢が望まれる。

4．学習指導と教授-学習過程

4-1　教授理論

　教授がなされるときには，教える側が望む学習を学習者に生起させることが求められる。そのためにも，学ぶ側の状態を無視した一方的な教授は好ましくない。具体的には，授業という場面で教える側は児童・生徒に何を理解させ身につけてもらいたいのかを明確にして，児童・生徒の個性にあわせた教授方法を採用することが望ましいとされる。実際にはさまざまな制約があるので，クラスのすべての児童・生徒に適した教授方法を選択することは難しい。

　典型的な教授理論としてはプログラム学習，有意味受容学習，発見学習などがある。教える側による学習者の統制の程度には教授理論ごとに違いがあって，たとえば学習者の自由度についてみれば，発見学習では学習者に任される部分が大きく，プログラム学習では小さい。それにしたがって教師の関与のしかたもかなり異なってくる。学校教育において学習すべき事柄は多様であるが，これら教授理論では授業場面での知識の伝達を主に問題とする。

4-2　プログラム学習

(1) プログラム学習とは

　オペラント条件づけを基礎とする教授理論である。強化を重視した行動変容理論では，教育の役割とは，学習者を一定の目標に到達させるために，望ましい行動はすみやかに確実に習得させ，望ましくない行動は確実に除去することと考えられている。この考え方を通常の教室場面での教科学習に取り入れたの

がスキナーの**プログラム学習**(programmed learning)である。算数・数学など系統性の強い学習領域に有効な学習方法といえる。

スキナーはオペラント条件づけ行動を重視し，その行動形成（シェイピング）をより効果的にするための漸近的接近と部分強化の原理を基盤にスモールステップの単線型（直線型，リニア型）プログラム学習の理論を提唱した。この学習方法は学習者の積極的な学習参加を前提に，学習者の能力適性や学習状態に応じて，着実に効率良く学習目標を達成させるために，あらかじめ整備された学習プログラムを与える個別学習である。スキナーは，教師主導型で，どんな学習者に対しても同じ固定的な教育目標を与えるマスプロ型の一斉授業を批判し，個人の能力や理解の速度に応じて学習が進められるこの学習方法を開発した。ここにプログラム学習の教育学的意義がある。なお，プログラム学習はスキナーの単線型とクラウダーの枝分かれ型とに分類される。

(2) 単線型プログラム学習の原理

単線型プログラム学習は次の5つの原理から成り立っている。

① 積極的反応の原理

オペラント条件づけでは学習者の自発的な反応（オペラント反応）に対して強化を随伴するのであるから，自発的な反応が起こらなければ学習が始まらない。よって，学習者が積極的に学習に参加することが必要となる。説明を聞くだけとか，頭のなかで考えるだけではなくて，解答を書き込んだり，選択肢を丸で囲んだりと実際に行動を起こすことが求められる。そのような行動が正反応の結果によって強化され，学習が成立する。

② 即時フィードバックの原理

学習を促進するための，強化の与え方に関する主要な原理で，オペラント反応が生じたらできるだけ速やかに強化を随伴させることをさす。解答が出されたら時間をおかずにその正誤を学習者に知らせることが重要である。自分の行動の結果についての認知を**結果の知識**(KR: knowledge of result)と呼ぶが，こ

れがすぐにわかることは課題に取り組む動機づけにもかかわってくる。

③　スモールステップの原理

　教材となるプログラム作成にかかわる要件である。学習過程は細かく分けることのできる連続過程と考え，目標達成までを細かい段階に分けて，着実に習得し，積み上げていくという原理である。習得されにくい教材や学習者がつまずく箇所はステップの刻み方が粗い（段差が大きい）ものと考え，さらに小さく段階分けして，なめらかに次のステップへ進めるように教材をつくり直すことが必要となる。また，つまずくことはすなわち誤反応であるから，正反応に強化を随伴するオペラント学習の立場からは不要である。動機づけの立場からも「できない」ことが続くのは好ましくない。正答だけを積み上げて学習達成に至ることが望ましいとされる単線型プログラム学習では，習得すべき内容の適切な配置と，スモールステップの原理によって「できる」「わかる」教材が整えられていく。

④　自己ペースの原理

　学習の速度に関する原理である。プログラム学習ではすべての学習者が同じプログラムを学習することになるが，唯一存在する個人差は習得していく速度である。理解の速さには個人差があるので，個人差に応じた速度で教材が与えられ，その結果，進度に差が出るのは当然と考えられている。ここでは，学習速度，進度にばらつきが出ることが個人差に応じた学習を提供するということである。自分のペースで着実に正反応を積み重ね，目標を達成することが重要なのである。一斉授業が習得速度の個人差を無視せざるをえない教授方法であることから，プログラム学習では自学自習という個別学習が採用されている。

⑤　学習者検証の原理

　プログラムにしたがって学習したにもかかわらず，目標に到達できなかった場合，その原因は学習者ではなく，プログラムの方にあるという考え方。プログラムの善し悪しは学習者によって検証されるので，学習者の習得状況を見ながらより良いプログラムへと改訂されなければならない。これはプログラムを

作成する側の基本的態度である。教師が独自に教材を配置してプログラムをつくる場合もあるだろうし，既製のドリル形式の問題集や，学習塾など教育産業によって整備されている大規模なプログラム学習もある。どの場合でも，学習者の能力不足や努力不足に原因を求めてはいけない。

単線型プログラム学習では，すべての学習者が誤りなく常に正反応を生じさせるように小刻みの段階を経て学習を成立させることを目指している。ただし，学習者の内部では理解がどのように深まっているのかといった視点はとられず，「わかる」よりも「できる」ことが重視される傾向がある。

(3) 枝分かれ型プログラム学習

単線型と対比されるもう1つのプログラム学習で，クラウダー(Crowder, N. A.)が提唱した内部的プログラミング(intrinsic programming)理論に立脚している。学習者の反応，能力あるいは学習状態に応じて次に提示されるプログラムの系列が変わるように設計されている。単線型のようなオペラント学習にのっとった基本原理はない。単線型の単純すぎる強化説に対抗して実践的に発展し，基本的な考え方はむしろ認知説に近いといわれる。学習者の内部状態の違いに応じてステップを飛び越えたり，別の系列に移って治療処方が与えられるなど異なった学習系列が用意されたプログラム学習である。習得段階のステップは比較的粗く，誤反応も許される。とくに，枝分かれによるフィードバックを重視する点が特徴とされる。

学習者の理解度も考慮した学習方法なので，個人差に対してきめ細かい対応が可能となる。この型のプログラム学習の有効性は認められており，数学教育などにおいて各種のプログラム設計理論が提唱されている。また，近年のコンピュータの普及にともない，CAIにおける利用が進められている。

(4) CAI と CMI

CAI(computer-assisted instruction)はティーチングマシン(TM： teaching

machine)とプログラム学習の発想を基盤に，最初にアメリカのIBM社で開発が進められたといわれている。基礎的な知的技能の訓練が目的で，コンピュータ制御のもと学習者の個人差(能力や学習状態)に応じた演習問題を次々に提示し，学習させていくという「練習演習様式(drill-and-practice mode)」，学習者の学習制御情報(学習者の特性や，成績の履歴など)にもとづいて診断評価し，最適な教授テキストを選択提示して，多様な枝分かれを実行しながら学習者ひとりひとりに適した教授学習過程を展開していく「個別教授様式(tutorial mode)」などがある。カラフルな画面や動画，音声などゲーム感覚で取り組めるので子どもは動機づけられやすく，プログラム学習の長所が生かせる学習形態といえる。

一方，コンピュータの機能を教育管理に利用する方法を**CMI**(computer managed instruction)という。ティーチングマシンとしてではなく，教師が児童・生徒ひとりひとりの成績や学習の進行状況などさまざまな情報をコンピュータで管理し，学習指導に役立てることを目的とする。

さらに現在では，インターネットによる情報収集や他機関との通信手段として教室にコンピュータを導入する動きが盛んである。

4-3 有意味受容学習

(1) 有意味受容学習とは

オーズベル(Ausubel, D. P.)は発見学習を批判して，**有意味受容学習**(meaningful reception learning)を提唱した。彼は，多くの内容を短期間に効率良く習得させるには，教師が生徒に学習内容を講義形式で教授し生徒がそれを受容していく一斉授業形式は否定されるべきではないと考えた。一斉授業において児童・生徒は受動的立場にあるが，教授された内容を意味のあるものとして確実に理解し記憶すればよいのであるから，教師の側では教授の際に学習内容をわかりやすく提示し，知識構造に組み込まれやすくすることが重要となる。

ところで，記憶の実験において，課題である単語リストを記銘する前に，それらの単語の関連について書かれた文章を読んでおくと，読まなかった場合と比べて記憶成績が良くなるという結果がある。「単語の関連について書かれた文章」がその後に覚える情報を体制化し，取り込むための枠組みとして働くからである。オーズベルはこのような働きをするものを**先行オーガナイザー**(advance organizer)と呼んだ。講義のはじめに概略を述べたり，教科書でも単元の導入として関連する身近な話題が載せられていたりするのは，先行オーガナイザーとして働くことを期待してのことである。いきなり新奇な知識を与えられると学習者はすでにもっている知識とどのような関係にあるのか，自分の知識構造のどの部分に納まる事項なのかがわからない。既有の知識とのつながり(繋留点)をもたない知識は学習者にとっては無意味な情報である。その結果，授業を受けても，知識構造からはじきだされて記憶から脱落することになってしまう。これでは知識の獲得には至らない。そこで，先行オーガナイザーを与えることによって，学習者の知識構造に新奇な知識を組み込む場所をつくるのである。すなわち，有意味受容学習とは先行オーガナイザーを用いて知識の構造化を援助する教授法といえるだろう。なお，学習者の既存の概念体系に新しい個々の経験が取り入れられ，その関連で学習が成立するというこの考え方は「包摂理論」と呼ばれている。

(2) 有意味受容学習の原理

　有意味受容学習には2つの原理がある。ひとつは**漸進的分化の原理**で，もうひとつは**統合的調節の原理**である。漸進的分化の原理とは，最も一般的で包括的な概念を最初に提示し，その後だんだんと細かな概念や特殊な概念へと分化させていくという方法である。最初に抽象度の高い概念や法則を示しておいて，それに含まれる抽象度の低いものを順次与えて最終的には個々の事実にまで下りてくる。いうなれば，演繹的，あるいはトップダウン型の提示方法と考えられる。

統合的調節の原理とは，新奇な概念はすでに学習されている知識と関連づけ，調和・統合させるよう意識すべきであるという主張である。教授する側がこの関連づけをスムーズにおこなえるよう，カリキュラムを整えなければならない。学習者まかせではいけないのである。具体例としては，全く新しい内容を学習する場合には説明主体の先行オーガナイザーを示し，すでに類似した内容が学習されている場合には何と比較すればよいかを示すなどの方略がある。

適切な先行オーガナイザーを提示するためには，学習者の立場にたって認知構造を推定する視点が必要である。

4-4 発見学習

(1) 発見学習とは

ブルーナー(Bruner, J. S.)は科学教育の重要性を唱え，科学の基本的概念や法則の発見を擬似体験するような，探究的な学習方法を提唱した。**発見学習**(discovery learning)とは，問題場面に直面したとき，場面の意味や構造を感知し，仮説を立てて検証していく**発見法**(heuristics)を身につける学習方法である。学習者の認知構造を重視した学習法であるが，有意味受容学習と異なる点は，学習者は情報を与えられる受動的な存在ではなく，自らが事実に関する予想を立ててそれを確かめるという能動性にある。

発見学習は次のように進められる。第1に，発見されるべきものは何かを見定めること，あるいは問題の所在を学習者が把握することが始まりとなる。すなわち学習者は，そこに問題があることに気づかなければならない。この感知の程度には個人差があるので，学習者自らがさまざまな事実のなかから問題に気づく場合も，解決すべき問題が教授する側によって提示されたり，暗示される場合もある。

第2に仮説を立てる段階がある。事実の関連を推測し，連関性や因果関係など一般法則につながる仮説を考えだす作業である。これも学習者の個人差が大

きいので,皆目見当のつかない場合には教授する側がかなりの援助をしなければならない。教師の援助が多くなればそれだけ,学習者の推測的直感の働く余地が少なくなってしまう。かといって援助をしなければ学習が停滞してしまう者が生まれ,自力で仮説を立てて進む学習者と進度において差が生じることになる。

第3段階は仮説の検証または洗練である。学習者が立てた仮説にもとづいて演繹的に推論すると,ある予想が導かれる。これを実行可能な実験や観察,調査などによって確かめる作業である。仮説から導かれた予想と,現実である実験結果が食い違えば仮説を修正する必要が生じる。または,他の理論と整合するかどうかで仮説を試す場合もある。このように学習者は自分が定立した仮説を現実に適合するように検証しては修正を繰り返す。この過程によって,仮説は洗練され,耐力がつく。こうして自然現象にひそむ普遍性や一貫性が法則としてあらわにされていくのである。

最後に,仮説の定立と検証の過程によって得られた結論をまとめて学習を終了する。得られた結論から,新たな問題が発生するかもしれないし,別の事物へと応用することで発展していくかもしれない。

ブルーナーは単なる「問題解決学習」には批判的だったといわれる。問題解決学習は現実の経験を重視しており,解決されるべき問題も生活のなかから選ばれるが,それでは系統だった科学教育とは無関係な事柄も学習の対象となってしまう。そこで厳密には彼の意味する「発見学習」では,現実の生活との関連がうすくても,知的文化遺産である「科学の基本的概念や法則」こそが発見されるべきだと考えられていた。

(2) 発見学習の長所と短所

発見学習の長所としては主に次の4点があげられる。

① さまざまな情報を取捨選択して組織化する能力が高められる。
② 自発性が高められ発見自体が喜びとなるので,内発的動機づけによって

学習が進む。
③ 学習内容ばかりでなく，科学的探究方法すなわち「発見のしかた」が学習される。
④ 学習者の既存の認知構造と関連づけながら学習が進むので，学習内容が理解・保持されやすい。

　短所としては，まず児童・生徒の自発的活動が活発に起こるような学習場面を設定しなければならないこと，教師による統制がゆるい学習なので，どのように児童・生徒が学習を進めていくのか予測しがたいこと，そのために学習完成までにかなりの時間がかかることなどがあげられる。学習効率の面では受容学習よりも劣る。また，仮説定立や実験による検証が誰においても滞りなくおこなわれるわけではないので，うまくいかない経験から意欲を失う児童・生徒が出現しやすい。一般に内発的動機づけによる学習方法と認められているが，自己有能感をもたない者や失敗の経験に耐えられない者には，かえって動機づけを消失させ，学習が達成されずに終わる危険性もあわせもつ。

(3) 仮説実験授業

　板倉ら(1966)によって創始された**仮説実験授業**はパターン化された集団向けの発見学習と位置づけられる理科教育法である。仮説実験授業は『授業書』と呼ばれる教科書にもとづいて次のように展開される。授業書には身近な理科の問題と，それについての複数の対立する予想される回答(仮説)の選択肢，実験結果を記入する欄がある。

　はじめに教師が授業書の「問題」を説明する。生徒たちは各々自分の考えに最も近い予想される回答を選ぶ。教師はクラス全体でどの予想に何人支持が集まったかを数え，板書する。次に，生徒たちは予想される回答についてクラス全体で討論をおこなう。自分はその予想についてどう思うか，賛成なのか反対なのかなど自由に意見を述べさせるのである。討論を進めるうちに予想を変更してもかまわない。この討論という過程が仮説実験授業の面白さであり，学習

者の内発的学習意欲を高める働きをする。そして，討論によって十分に動機づけを高められたところで実際に実験や調査をおこない，各自の予想(仮説)を検証し，まとめをして終了する。

仮説実験授業の一番の特色は仮説についてクラス全体で討論する部分であると考えられている。学級集団の力を利用するので，生徒たちは積極的に授業に参加することができる。動機づけが高められているので学習内容の理解を促進するのと同時に，他の生徒の経験を聞いたり，他の人の考え方に接することなどが期待される。科学者の思考を追体験し仮説演繹的思考を身につけるというねらいは発見学習と同様であるが，あらかじめ思いつきそうな仮説が提示されているので，その分，学習者の負担は軽くなっている。

4-5 教授法と学習指導

(1) 帰納型教授法と演繹型教授法

学習者がすでに得ている概念や知識などをもとにして，さらに上位の概念を学習させることを帰納型教授法という。その学習教材に関する知識や概念をもたない場合には，それら土台となる概念の習得から始めることになる。自分の知っている身近なことから抽象的な上位概念へとまとめ上げていく方法で，最も一般的な教授法である。帰納型教授法を体系化したものとしてガニェ(Gagné, R. M.)の累積的学習連鎖理論などが提案されている。まず，学習教材をいくつかの下位クラスに分ける「課題分析(タスク・アナリシス)」をおこなう。次に分析された下位課題を低次のものから高次のものへと並べ替える。これを順番通りに学んでいけば学習は完成する。概念形成におけるデータ駆動型(ボトムアップ式)処理に対応する。

一方，上位概念から下位概念へ，一般的なものから特殊なものへと学習を進めていく方法を演繹型教授法という。概念駆動型(トップダウン式)処理にたとえられる。「一般性(普遍性)が高く上位のもの」は「特殊で下位のもの」を含

んでいるので，効率的で転移力も強いと考えられている。カリキュラムを抽象的・一般的なものから具体的・特殊なものへという流れにすれば低学年児童にも代数の学習が可能であったという報告などがある。有意味受容学習も先行オーガナイザーという「学習のまとめ」を先に提示して個々の場合に下りてくる方式なので，演繹的教授法のひとつと考えられる。

(2) 均衡化型教授法

ピアジェの理論では同化と調節によって新しいシェマが形成され，その段階での均衡状態が成立する過程を均衡化と呼ぶ。この均衡化にもとづく教授法が均衡化型教授法である。学習者は既有のシェマ（認知的枠組み）と食い違う知識や情報に接したときに矛盾や疑問を感じる。そしてその矛盾を解消するために内発的に動機づけられ，学習活動が活発化する。仮説実験授業のように学習者に概念的葛藤を与える点が特徴である。

(3) アルゴリズム学習指導とヒューリスティクス学習指導

アルゴリズム(algorithm)とは数学用語で計算方法のことである。一定の種類の問題を解くための常套手段として用いられる，厳密に順序づけられた手続きを意味する。同種の問題であれば解けるという一般性と，その手続きをとれば必ず解決に至るという必然性を備えていなければならない。アルゴリズム学習指導とはこのように明確に規定された一連の手順にしたがって，同類問題を解決する操作の系列を学習させる指導法のことである。プログラム学習の研究にともない，教授-学習過程のアルゴリズム化の研究が進められている。

それに対して，**ヒューリスティクス**(heuristics)とは問題解決などで思考するときに，解決への，あるいは次の段階への到達に対して論理的必然性による保証はないが，経験的に，または類似性から，その到達への確率が高いと思われる過程に沿って思考を進める方法である。論理的必然性よりも類推やひらめきを重視する。人間の思考過程ではこの方法が重要な役割を果たしていると考

えられる。転じて，問題解決をする際に必ずしも成功の保証はないが，経験的に成功確率の高い方法を学習させる指導法をヒューリスティクス学習指導という。

4-6　学習の転移

(1) 学校教育における教授目的

　学校教育ではさまざまな教科の教授-学習がおこなわれている。そのなかには実生活に直接役立つ知識や技能，社会に出たときに必要となる事柄といった実践的なものから，専門家になる以外は学校を離れたら全く使わなくなるものや，目に触れなくなるものまで多種多様である。これは学習が単に教科的知識を増やしたり，特定の技能を習得させたりするに留まらないことを意味している。これは古くから学校教育の問題として論議されてきた「形式陶冶と実質陶冶」という教授目的の対立概念と関連する。

　形式陶冶とは知識や技能を獲得する過程において，観察力，思考力，判断力，抽象，推論，記憶といった形式的な精神能力を高めることである。一方，知識や技能の習得などを通して精神内容を豊かにすることを目指すのは**実質陶冶**という。前者を重視する立場は形式主義，後者を重視する立場は実質主義と呼ばれてきた。

　形式主義では，学習された知識が直接生活に結びつかないものであっても，個人の基本的な能力そのものが伸長するので，別の教科の学習においても伸長した能力は生かされるはずであると主張する。「学習は転移する」という考えである。それに対して実質主義では転移はほとんど生じないと主張した。もともと形式主義は教条主義や注入主義への挑戦等から発展させられたもので，古典語や数学などの少数の教科による人間の普遍的な精神能力の獲得を提唱してきた。

　現在では，両者の中間に立つ考えが主流で，転移が生じる条件等が研究され

ている。精神能力の錬磨と知識の習得とは表裏一体の関係にあるので形式陶冶と実質陶冶というように別々には扱えないと考えられている。

(2) 学習の転移

前におこなわれた学習が後の学習に影響を与えることを**学習の転移**と呼ぶ。先行の学習が後続の学習を促進するように作用する場合を「正の転移」,妨害するように作用することを「負の転移」という。

ソーンダイクは,学習材料や学習方法において,先行学習と後続学習の双方に同一要素が多く含まれるほど転移が生じやすいとした。これを「同一要素説」という。また,ケーラーは,ゲシュタルトの類似性すなわち全体的構造が類似しているほど転移は起こりやすいと考えた。さらに,先行学習と後続学習にあてはまる一般原理を学習することによって,転移が生じるとする説などがある。ハーロウ(Harlow, 1949)は,洞察学習と条件づけ学習のギャップを埋めることを意図して学習の構えの形成実験をおこなった。チンパンジーを対象に,1つの課題が6試行からなる弁別学習(二肢択一で正しい方を選択するとエ

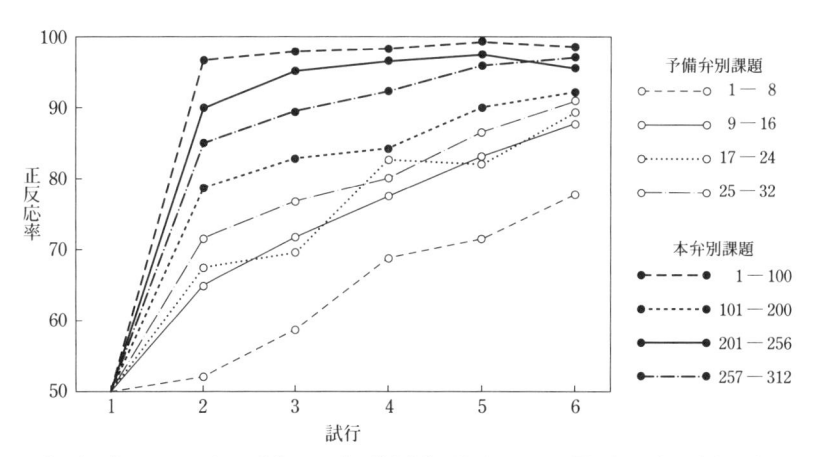

出典:市川伸一 1995 学習と教育の心理学 岩波書店, Harlow 1949 *The formation of learning sets.*

図II-4-1 学習の構えの実験結果

サがもらえる)を300課題以上実施すると，最初のうちは条件づけにもとづいて6試行のあいだで正答率が緩やかに上昇する学習曲線を示すが，やがて課題の意図を理解したかのように，第1試行を試みただけで第2試行からはほぼ100％正答を示すようになったのである。これは，どちらを選ぶのが当たりなのかがわからないのは最初の試行だけで，「最初の試行で正答ならばその対象を選び続け，最初の試行で誤答ならばもう片方を選べばよい」ということを理解したからと考えられる。ハーロウはこのように「学び方を学習すること」を**学習の構え**(learning set)**の形成**と名づけた。

学習の構えは一度形成されれば次の新しい課題にも適用されるので，正の転移を生じさせることとなる。学習活動において学ばれていることは，一つ一つの事項ばかりでなく，課題に含まれる構造を見抜き理解することでもある。その意味で，学習者が課題の構造に気づくよう教師が援助することは，その後に続く学習に対しても効果があると考えられる。

4-7 学習の最適化

(1) 適性処遇交互作用(ATI)

一般に，指導法の善し悪しを問題にする際にはすべての学習者に最も効果的な方法を求めようとする傾向や，逆に学習者の能力だけが教育のすべてを決定すると考える傾向がある。これに対してクロンバック(Cronbach, L. J.)は，最も効果的な指導法は学習者の適性の個人差に応じて変わるはずであると主張し，これを**適性処遇交互作用**(aptitude-treatment interaction：ATI)と名づけた。適性には，知能，認知型，創造性，性格，学習意欲などが，処遇には，指導法の他に教具，教材内容，教師の特性などが含まれる。

スノーら(Snow *et al.*, 1965)の実験は適性処遇交互作用の端緒として有名である。被験者は大学の物理学受講生で，その半数には映画で，残りの半数には教師による講義で半年分の授業を受けてもらった。各授業の終わりと中間や期

末には講義内容についてのテストが実施された。そして，物理常識，対人的積極性，責任性，情緒安定度，学業成績など合計15種類の受講生の適性に関する要因と，物理学のテスト成績の関連を検討した。すなわち，映画による授業と教師による実演授業という2種類の処遇を設けて，受講生のさまざまな適性との交互作用をみたのである。その結果，責任性の高い学生は映画の方が成績が良く，低い者は教師による授業の方が成績が良かった。また，対人的積極性の高い学生は教師による講義の方がテストの成績が良いが，低い学生は映画の方が成績が良かった。すなわちこの研究では，責任性の高い学生には映画を見せる方法が，低い学生には教師による指導が適している。対人的積極性の面からは，高い学生には教師による実演指導が，低い学生には映画を見せる方法が適していることがわかったのである。

　その他のパーソナリティ特性や，知的能力など能力的要因と，特徴的な指導法（発見的指導法か説明的指導法か）の関係などが研究されている。学習者の何らかの適性を考慮に入れて，適切な指導法を採択することが必要とされる。

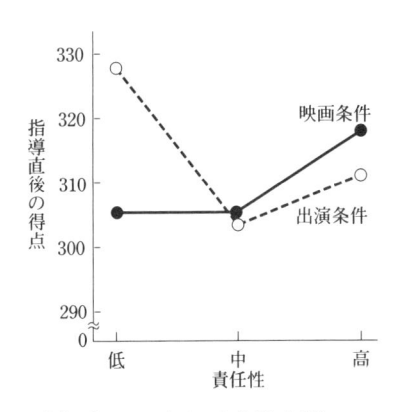

出典：Snow *et al.* 1965 *Individual differences and instructional film effects.* を改変

図II-4-2　責任性と教授条件が成績に及ぼす効果

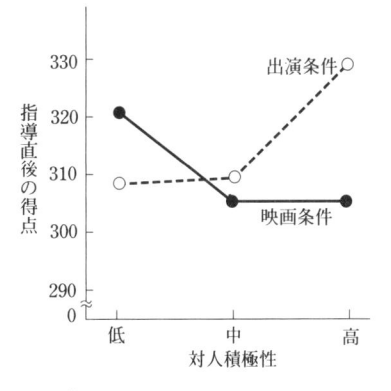

出典：図II-4-2に同じ

図II-4-3　対人的積極性と教授条件が成績に及ぼす効果

(2) 完全習得学習（マスタリー・ラーニング）

学校という公教育機関における画一的な教科指導では個人の能力差や適性の違いがある以上，理解不足の児童・生徒が生じること，すなわち「落ちこぼれ」の問題はある程度やむをえないと考えられていた。しかし，キャロル（Carroll, J. B.）は学校でなされる学習において，どのような学習者であっても十分に時間をかけさえすればどのような学習課題でも達成することが可能であると主張し，その学習者が本来必要とする学習時間量と実際に費やされた学習時間量を用いて学習到達度を表す理論的モデルを提案した。この考えを受けついだブルーム（Bloom, B. S.）らは，指導次第ですべての学習者を一定の学力水準に到達させることができると考え，**完全習得学習**（マスタリー・ラーニング）を提唱した。ひとりひとりの能力や適性に応じ，既習知識や学習到達状況に合わせて，重点的に取り組むべき課題や時間量や学習方法を変化させることによって，最終的にすべての児童・生徒に90％以上の学力をつけることが教育の目標とされる。

ブルームは学習の成果を決定するのは主として次の3つの変数であるとした。

① 認知的前提能力（cognitive entry behaviors）：これから取り組むべき学習に関する既習知識や認知的諸能力の量。

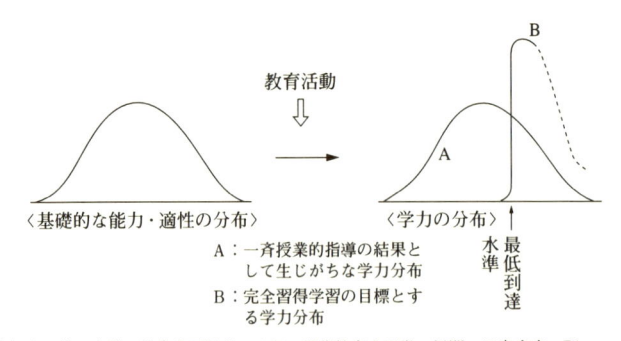

出典：河合伊六・池田貞美・祐宗省三編著 1981 現代教育心理学の展開 川島書店，Bloom et al. 1971.

図II-4-4 能力・適性の分布と学力の分布

4. 学習指導と教授-学習過程

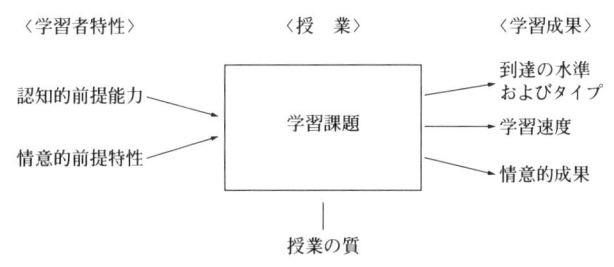

〈学習者特性〉　　〈授　業〉　　〈学習成果〉

認知的前提能力 ─→ ┌─────┐ ─→ 到達の水準およびタイプ
　　　　　　　　　│学習課題│ ─→ 学習速度
情意的前提特性 ─→ └─────┘ ─→ 情意的成果
　　　　　　　　　　　│
　　　　　　　　　授業の質

出典：河合伊六・池田貞美・祐宗省三編著　1981　現代教育心理学の展開　川島書店，Bloom 1976.

図II-4-5　ブルームの学校学習モデル

② 情意的前提特性(affective entry characteristics)：これまでの成功や失敗経験によって規定されている学習に対する動機づけの程度。特定の学習課題に関連した情意的態度，学校での学習に関連した情意的態度，学業的自己概念によって左右される。

③ 授業の質(quality of instruction)：与えられた指導が学習者にとってどれだけ適切であるかの程度。ヒントや指示の適切さ，学習活動に対する学習者の参加度，フィードバックの適切さ，学習過程で学習者が得る強化の量などがこれにあたる。

認知的前提能力が最適化するように事前指導や課題や教材の系列化に努め，情意的前提特性を変化させて動機づけを高めるように働きかけ，授業の質を高めるため指導計画を工夫し，よりよい指導に配慮することで，学習の成果が向上するはずである。

完全習得学習を実施するにあたって，2つの実践的ストラテジーがブルームによって強調されている。

① 通常の集団学習的一斉授業をおこないながら，適当な時点において診断的な目的をもった形成的テストを実施する。**形成的テスト**(形成的評価)とは教授された内容が十分に理解されているかどうかを診断するためのテストのことで，授業の進行中におこなわれ，得られた結果は授業を改善するために利用される。

② この形成的テストの結果にもとづいて，学習者ひとりひとりの目標達成状況に則した治療的指導をおこなう。習得不十分な部分が発見されたら，それを補習することである。

そのためには，学習単元において達成されるべき目標群を明らかにすること，すべての学習者が到達すべき最低到達基準(マスタリー基準)を設定すること，各目標の達成状況を明示するための形成的テストを作成し使用すること，治療的指導についての準備をおこない形成的テストの結果に応じて与えること等が必要とされる。

(3) 全習法と分習法

学習材料を始めから終わりまで一度に学習する方法を**全習法**，部分に区切って少しずつ学習する方法を**分習法**と呼ぶ。分習法は学習内容を分割するためスモールステップと同義であり，部分ごとに達成していく面白さがある。また，他の部分との内容的混乱が避けられやすい反面，習得した各部分をつなぎ合わせ，全体的に意味のあるものとして再体制化する過程が必要となる。全習法では全体の見通しはもちやすいが，学習材料をすべて一度に学ぶわけであるから，記憶の負担が大きく，時間もかかる。

学習者の特性や学習材料の種類，課題の困難度などによって，どちらが効率

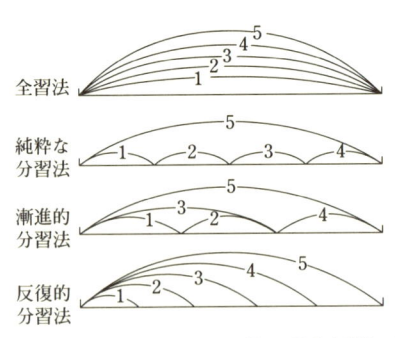

出典：岡村浩志・藤田主一編著 1998 新しい教育心理学 福村出版

図II-4-6 **全習法と分習法**

的かは異なるが，一般的に，学習材料の分量が多い場合，および学習者の年齢や理解の程度が低い場合には分習法の方が学習効率がよく，学習材料が体制化されている場合には全習法が適していると考えられている。

4-8　学習指導の個別化

(1) 教授-学習過程

教授-学習過程とは「教える側の働きかけ」とそれによって生ずる「学ぶ側の反応」とのあいだの力動的な過程のことである。授業は対人的コミュニケーションである以上，教える側の伝えたい内容や意図がすべてそのまま学ぶ側に受け取られるわけではない。学ぶ側の反応は必ずしも教える側の期待通りには生じないので，教授(送ること)と学習(受け取ること)とを分けて考えようというものである。

しかし学習者には個人差があるので，同一の内容を教授しても学習過程や学習速度は学習者によって異なってしまう。個人差への配慮，および学習者の能力を最大限に発揮させる機会を保障する方略として，学習指導の個別化が提案されてきた。具体的には，学習到達点の個別化，学習速度の個別化，学習方法の個別化が問題となっている。個別化を実現するためにはまず，教師1人当たりの生徒数を減少させること，そして自学自習をすすめるための教材・教具の開発と提供，コンピュータや教育機器の設置など環境面の充実が条件となる。同時に，学習者の特性を判断したり，個人に最も適した学習過程を見いだすための分析法などの確立が望まれる。

(2) オープンスクール

オープンスクール(open school)とはイギリスの或る教育をモデルにアメリカで試行された教育方法で，学年・学級編成，教室，画一的な時間割などを設定せず，学習の個別化を追求した学校の形態をいう。一斉授業を廃止し，教室の

壁をなくした大教室で児童・生徒が各コーナーに分かれて個別学習をおこなっている。あるコーナーでは漢字の書き取りを練習し、別のコーナーでは分数の掛け算を学習するというように、さまざまな学習活動が同時的になされるのが特徴である。

受容的で画一的な個性を無視した授業方法のアンチテーゼとして提案された教育システムなので、児童・生徒の自由と個性、人間性の尊重、自主性を重んじ、自己指導を中心目標とする。児童・生徒は自己の内発的動機づけにもとづいて自分で学習計画を立て、自発的に自己の責任と自分なりのペースで学習を進めるのが理想とされる。

実際にオープンスクールを取り入れている学校では、教室の仕切りをなくしたり、時間割の設定をゆるくするなどの他に、地域活動への参加や地域の人々を学校へ招いて教育活動に加わってもらうなど、子どもたちが能動的な学習活動をおこなえるような環境づくりがすすめられている。

ところで、学習速度の面1つをとってみても児童・生徒のあいだにある個人差は大きい。このような伝統的な学年進級制が解決できない個人差の問題を、学習の個別化を徹底させる方向で解決するために、学校から学年の区別を取り払うことを**無学年制**(non-grade)という。なお、無学年制では年齢の違う児童・生徒の自由な交流を可能にするので、対人関係の面においても広がりが期待できる。

(3) ティーム・ティーチング

複数の教師がティームを構成し協力体制のもとに指導にあたることを**ティーム・ティーチング**(team teaching)という。学習の個別化やオープンスクールなど学級および学校組織の改革に呼応する教授組織である。教師のティームは3～4名で構成され、リーダーのもとに階層制をとる形態が一般的である。リーダーは固定され変わらない場合、教科や単元で交替する場合などがある。児童・生徒は10～15名の小グループから150～200名程度の大グループまで、教科

や指導方法上の必要に応じて編成が変えられる。現代では，少子化社会にともない教員の過剰配置が問題となっているが，学校教育の観点からいえば，個人差に対応したきめ細かな学習指導を実現するティーム・ティーチングが実施しやすい状態にある。空いている教室を利用すれば小グループの指導も実施しやすい。

4-9 集団過程

(1) 集団凝集性

社会的環境としてみる場合，学級集団のまとまりや融合の程度は，学級内における対人関係の重要な側面と考えられる。これを**集団凝集性**(group cohesiveness)と呼ぶ。この用語は，①集団成員をとどめておく集団のもつ魅力，②集団成員によって示される**モラール**(志気：morale)あるいは目標達成への意欲の高さ，③集団成員の努力の総合など多様な意味をもっている。集団凝集性とは換言すれば，集団が成員たちに対してもつ魅力度(集団魅力度)のことである。

集団凝集性の高い集団は集団活動に精力的であり，集団として課題の達成に成功したときは成員が一致してその満足感を共有し，失敗したときには悲しみや悔しさを共有する。他方，凝集性の低い集団では，成員は集団活動に消極的で参加しようとしない。集団に魅力を感じている成員ほど，集団からの影響を受けやすいし，集団に対して積極的に貢献しようとする。したがって，学級全体で課題を達成しようという雰囲気が高まり，個々のメンバーも積極的に行動し，学習面でも意欲の向上が期待できる。このように凝集性や集団の魅力はメンバーを学級における諸活動に関与することを強く動機づける要因となる。そこで担任は魅力ある学級づくりに配慮するのである。

(2) グループ学習

　学級をいくつかの小集団(グループ)に分ける**グループ学習**(小集団学習)は，現行の学級制度のなかで，児童・生徒の個人差に応じた学習指導をおこなうために工夫された学習指導形態である。児童・生徒の才能が十分に発揮されるように学級成員を能力や適性を考慮していくつかのグループに分け，一つの目標を達成するべく，仕事の分担や相互援助をおこなわせるものである。グループのメンバーが相互に自由に意見を出し合えるので，活発に意見交換がなされ学習に対する動機づけが高められることが期待される。グループ間での競争はメンバーのやる気を起こす効果もある。ただしグループとしての効率を優先させてしまうと，学力面での個人差が増大する危険性が生じる。また連帯責任を追及しすぎるとグループ内の対人関係の悪化を招く。グループ化の方法や小集団学習に適した学習内容の検討が必要である。グループ学習はその教科の学力を伸ばす目的よりもむしろ，学習者相互のかかわりが必要とされるので学級内の人間関係を深め，学級を凝集性の高い学習集団へと発達させることを目標として導入される。学習効果の面よりも学級経営と関連が深い指導法といえる。

(3) バズ学習

　バズ法(buzz session)は集団討議の方法である。はじめに6人前後のグループに分かれてがやがやと討議し，グループ内で意見をまとめる。次にその結果を各グループが持ち寄って全体で再び討議をしたり学習活動をおこなう方法である。小集団なので過度に緊張せずに意見を出しやすくなる，メンバー全員が自分の問題として主体的に討議に加わりやすいといった長所がある。

　これを教科学習に取り入れたものが**バズ学習方式**である。協同問題解決，学習した内容を協同で要約すること，協同ドリル学習などが試みられている。グループで協同しておこなうのが適した課題かどうかは判断を要する。

4．学習指導と教授-学習過程

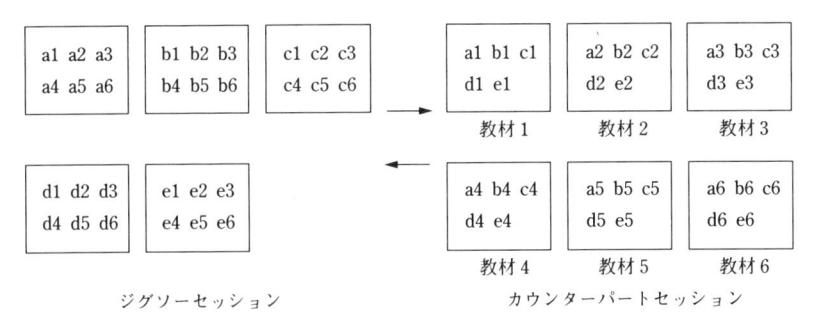

a1 a2 a3	b1 b2 b3	c1 c2 c3		a1 b1 c1	a2 b2 c2	a3 b3 c3
a4 a5 a6	b4 b5 b6	c4 c5 c6	→	d1 e1	d2 e2	d3 e3
				教材1	教材2	教材3

d1 d2 d3	e1 e2 e3		a4 b4 c4	a5 b5 c5	a6 b6 c6
d4 d5 d6	e4 e5 e6	←	d4 e4	d5 e5	d6 e6
			教材4	教材5	教材6

ジグソーセッション　　　　　　　　カウンターパートセッション

出典：大村彰道編　1996　教育心理学Ⅰ　東京大学出版会

図Ⅱ-4-7　ジグソー学習

(4) ジグソー学習

ジグソー学習とは，まず学級をいくつかの同人数から成るグループに分ける。このグループをジグソー集団とする。次に各ジグソー集団から1人ずつ集まって新たなグループを編成し，これをカウンターパート集団とする。教材はカウンターパート集団の数に分割され，各カウンターパート集団に割り当てられ学習がおこなわれる。カウンターパート集団での学習が終わると，メンバーはもとのジグソー集団に戻る。そして各々が覚えてきた内容をジグソー集団の他のメンバーに教えるのである。すなわち，学習者が仲間に正しく教えられるようにグループを代表して教材を学習してこなければならない。そして教える側と教えられる側の両方の立場を経験することになる。責任をもって学習にあたる必要があるので熱心に取り組み，また友人同士で教え合うことで学級集団の協調的雰囲気がつくられ，学級全体が活性化することが期待される。

(5) グルーピング

集団の編成の方法は主に4種類に分けられる。①等質グルーピング，②異質グルーピング，③ソシオメトリック・グルーピング，④その他(抽選など)で，等質グルーピングは学力のレベルを等質にする編成で一斉指導がしやすく効率面を重視する方法である。異質グルーピングは一般的な学級編成で，一斉指導

はしにくいけれども、学力以外の全人格的発達のためには好ましい。ソシオメトリック・グルーピングは**ソシオメトリック・テスト**(sociometric test)によって明らかにされる児童・生徒の学級内での地位をもとに編成する。一緒に行動しているようにみえても個人の対人関係の好悪感情までを知ることはできない。モレノ(Moreno, J. L.)の創案したソシオメトリック・テストとは、たとえば、学級のなかの誰と一緒に仕事がしたいか、誰が好きかなどを3名まで列挙させるといった質問紙法によって、学級集団の成員間の受容と拒否の感情の流れを図示する検査法である。本来は好悪両面を表す検査なので「嫌いな人」も列挙させるのだが、この質問は学級集団への適用にはとくに注意を要する。

(6) 明白な賞罰と暗黙の強化

学級集団において、ある者は学習の成果に対して称賛され、またある者は叱責されるという場面はよく目にする光景である。学習成果を上げた児童・生徒を学級のなかで褒めるのは、褒められる本人にとっての正の強化と同時に、学級の他のメンバーが望ましい行動をモデリングすることも期待されている。学級内には褒められている者と、級友が褒められているのを観察する者とが存在するわけである。同様に、クラスのなかで教師が名指しで注意をする場合、注意される者とそれを観察する者とが存在する。このように小規模な集団において他のメンバーが称賛されたり叱責されたりする場面では、観察しているだけの(賞罰は関係ない)メンバーは何を受け取っているのだろうか。

他者が称賛される(明白な正の強化)のを観察すると、観察している本人は「暗黙の負の強化」を受け、他者が叱責される(明白な負の強化)のを観察している本人は「暗黙の正の強化」を受けることになるという結果が実験等によって報告されている。たとえば、幼児や児童を被験者とした次のような実験がある。2人1組にしてある作業を競争させ、1回目の結果について、第1群では2人のうち1人を称賛し、第2群では2人のうち1人を叱責した。第3群ではどちらの被験者にも称賛も叱責も与えなかった。そして2回目の作業をおこな

わせその成績を群間で比較した。その結果，2回目の作業成績が最も優秀だったのは，叱責される相手を観察していた第2群の子どもたちであった。また，小学生に加算作業をおこなわせる別の実験でも，明白な負の強化を与えられる（名指しで注意を受ける）級友を観察していた者は成績が良く，逆に明白な正の強化を与えられる（名指しで称賛される）級友を観察していた者は最も成績が劣ることが報告されている。このように小集団における競争場面では暗黙の強化が働き，作業成績など学習の成果に影響を及ぼすことがわかっている。

4-10 総合的な学習の時間

(1) 総合的な学習の時間の目的

かつて日本の学校教育は知識偏重で過密なカリキュラムのために，児童・生徒にゆとりがなく，校内暴力，いじめ，落ちこぼれや不登校などの問題が増大し，社会問題化するに至った。授業において児童・生徒は受動的な立場であり，知識は豊富だが自分で考えたり選択したり表現することは苦手になる傾向が見られた。そこで，学習内容や授業の時数制限，学校週5日制の完全実施，絶対評価の導入などとともに，2002年度から小学校・中学校，2003年度から高等学校に総合的な学習の時間が本格的に新設された。

総合的な学習の時間のねらいは次のとおりである。
① 自ら課題を見つけ，自ら学び，自ら考え，主体的に判断し，よりよく問題を解決する資質や能力を育てること。
② 学び方やものの考え方を身につけ，問題の解決や探求活動に主体的，創造的に取り組む態度を育て，自己の生き方を考えることができるようにすること。

すなわち，児童・生徒に自発性・自律性をもたせ，内発的動機づけによる学習活動を体験させることを主要な目的として設けられたのである。

そのために，学習活動は「国際理解，情報，環境，福祉・健康などの横断

的・総合的な課題」「生徒の興味・関心に基づく課題」「地域や学校の特色に応じた課題」などが提案されており，自ら学び考える力などの「生きる力」を育むために，既存の教科の枠を越えて横断的・総合的に学習が実施されるよう，地域性なども考慮して，各学校が創意工夫することが求められている。学習の目標や問題の設定を児童・生徒が自ら見いだしていく過程は発見学習の要素である。自らの興味・関心に動機づけられるためには，どの児童・生徒にも親しみやすい課題でなければならない。

(2) 総合的な学習の時間の内容とその後

そこで学習活動の展開にあたって次の2点への配慮が求められている。
① 体験的な学習（自然体験，ボランティア活動などの社会体験，観察・実験，見学や調査，発表や討論，ものづくりや生産活動など），問題解決的な学習を重視すること。
② グループ学習や異年齢集団による学習など多様な学習形態をとること，教科担任制をはなれ，必要に応じて保護者を含め地域の専門家や留学生など学部の人々の協力を得てティーム・ティーチングの形で指導するなど，指導体制の工夫，地域の教材や学習環境（公共図書館や博物館，企業や工場，自然や文化財，伝統的な行事や産業など）の積極的な活用。

なお，総合的な学習の時間については，試験の成績などによる客観的な評価は行わない。学習活動の取り組みの過程を考慮して評価したり，児童・生徒の自己評価や相互評価を活用することが求められている。

このような「学ぶ喜び」「わかる喜び」「考える楽しさ」を経験させ，内発的学習意欲に基づく教育の重要性は変わらないが，「OECD生徒の学習到達度調査（PISA，国際学習到達度調査）」の2003年および2006年の調査において日本の高等学校等1年生の成績が国際比較で低下したことなどに代表されるように，児童・生徒の学力低下が懸念され，その結果，削減した学習内容を一部復活させ理数系科目の授業時数を増加させる新しい学習指導要領が，小学校では2011

年度,中学校では2012年度,高等学校では2013年度から施行されることとなった。児童・生徒の自主性に依存し,かつ多彩な内容を求められる総合的な学習の時間は,教師にとって指導が難しく,有意義な使い方ができないといった声が聞かれていたこともあり,この改訂では時数が削減されている。

●引用文献(II部3, 4)

Abramson, L. Y., Seligman, M. E. P., & Teasdale, J. D. 1978 Learned helplessness in humans : Critique and reformation. *Journal of Abnormal Psychology*, 87, 49-74.

deCharms, R. 1968 *Personal Causation : The Internal Affective Determinants of Behavior*, Academic Press.

Deci, E. L. 1971 Effects of externally mediated rewards on intrinsic motivation. *Journal of Personality and Social Psychology*, 18, 105-115

Deci, E. L., & Ryan, R. M. 1985 *Intrinsic motivation and self-determination in human behavior*. Plenum Publishing Co.

Harlow, H. F. 1949 The formation of learning sets. *Psychological Review*, 56, 51-65.

Harlow, H. F. 1950 Learning and situation of response in intrinsically motivated complex puzzle performance by monkeys. *Journal of Comparative and Physiological Psycholgy*, 43, 289-294.

Hiroto, D. S. 1974 Locus of control and learned helplessness. *Journal of Experimental Psychology*, 102, 187-193.

板倉聖宣 1966 未来の科学教育 国土社

市川伸一 1995 学習と教育の心理学 岩波書店

Lepper, M. R., Green, D. & Nisbett, R. E. 1973 Undermining Children's Interest with Extrinsic Rewards : A Test of the "Over justification" Hypothesis. *Journal of Personality and Social Psychology*, 28, 129-137.

桜井茂男 1997 学習意欲の心理学――自ら学ぶ子どもを育てる 誠信書房

Seligman, M. E. P., & Abramson, L. Y., Semmel, A., & Von Bayer, C. 1979 Depressive attributional style. *Journal of Abnormal Psychology*, 88, 242-247.

Snow, R. E., Tiffin, J., & Seibert, W. F. 1965 Individual differences and instructional film effects. *Journal of Educational Psychology*, 56, 315-326.

●**参考文献**（II部3,4）

藤永　保・三宅和夫・山下栄一・依田　明・空井健三・伊沢秀而編著　1978　教育心理学（上）　有斐閣

河合伊六・池田貞美・祐宗省三編著　1981　現代教育心理学の展開　川島書店

村瀬隆二編　1989　教育実践のための教育心理学　新曜社

文部省　1999　中学校学習指導要領（平成10年12月）解説　総則編　東京書籍

文部省　1999　小学校学習指導要領解説　総則編　東京書籍

八木　冕編著　1968　心理学II　培風館

索引

CAI　144
CMI　145

あ

アイゼンバーグ　65
愛着　45
アタッチメント　14, 45
アニミズム　53
アルゴリズム　151
安全基地　57
維持リハーサル　116
板倉聖宣　149
市川伸一　139
一語文　55
１次的動因　105
一致・依存的行動　107
意図的学習　112
インプリンティング　92
ウェルナー　53
ウォーク　42
ウォルフ　105
牛島義友　23
ウルフ　118
ヴィゴツキー　56, 128
エインズワース　46
枝分かれ型プログラム学習　144
エビングハウス　113, 116
エリオット　102
エリクソン　30, 81
演繹型教授法　150
オーズベル　145
オープンスクール　159
横断的研究　18
岡村達也　80
オスグッド　121
オペラント条件づけ　97
オリジン　133

か

カーミカエル　119
回避訓練　102
カクテルパーティ効果　114
家系研究　17
柏木惠子　51
仮説実験授業　149
感覚－運動期　35
感覚記憶　113
環境閾値説　8
環境剥奪　16
完全習得学習　156
外言　56
外発的動機づけ　129
学習　92
　──性無力感（学習性無気力）　132
　──の構え　154
　──の転移　153
ガニェ　150
帰納型教授法　150
基本的生活習慣　48
記銘　112
キャロル　156
強化　94
　──子　97
　──の法則　105
教授-学習過程　159
共鳴動作　43
均衡化　151
ギブソン　42
逆向抑制　120
ギャングエイジ　64
クラウダー　144
クレイク　117
クロンバック　154
偶発学習　112

具体的操作期　36
グループ学習　162
形式的操作期　37
形式陶冶　152
形成的テスト　157
繋留点　146
系列位置効果　115
ケーラー　109, 153
結果の知識　142
ゲシュタルト心理学派　109
ゲゼル　8
言語獲得装置　55
原始反射　39
構音　55
効果の法則　98
向社会的行動　65
高次条件づけ　95
行動主義　96
コールバーグ　68
刻印づけ　13, 85
コフカ　7
コンピテンス動機づけ　128

さ

再生　121
斎藤誠一　74
再認　121
サイン・ゲシュタルト　112
阪本一郎　22
桜井茂男　137
三項関係　47
シェイピング　103
シェマ　34
視覚的断崖　42
試行錯誤学習　98
下山晴彦　71
社会的微笑　44
集団凝集性　161
集中学習　116
周辺人　71

シュテルン　7
シュトラッツ　21
消去　95, 101
　──抵抗　101
初語　47
処理水準　117
心理・社会的発達理論　30
心理・性的発達理論　30
心理的離乳　78
親和欲求　105
ジェンキンス　120
ジェンセン　8
自我同一性（アイデンティティ）　81
ジグソー学習　163
自己主張　51
自己中心化　53
自己抑制　51
実質陶冶　152
自発的回復　96
自発的微笑　44
ジャーシルド　12
縦断的研究　19
順向抑制　120
条件づけ　92
水平のデカラージュ　61
スキナー　98
　──ボックス　99
スキャモン　10
ストレンジ・シチュエーション法　46
スノー　154
スピッツ　86
刷り込み　13
成熟優位説　8
精緻化リハーサル　117
生理的早産　6
世代差分析（コーホート法）　18
セリグマン　131
先行オーガーナイザー　146
潜在学習　109
選択的注意　114

索引　171

全習法　158
前操作期　36
ソーンダイク　98, 153
想起　113
総合的な学習の時間　165
走性　92
相貌的知覚　53
ソシオメトリック・テスト　164

──低減説　104
同化　35
動機づけ　127
道徳性　67
ド・シャーム　133

た

体制化　117
高橋惠子　63
達成動機　105
短期記憶　113
探索動因　127
単線型プログラム学習　142
第一発育急進期　11
第一反抗期　51
第二次性徴　73
第二発育急進期　11
代理的な学習（観察学習, モデリング）　122
代理的レスポンデント条件づけ　124
ダラード　107
ダレンバック　120
チャムグループ　80
チャンク　115
中心化　52
長期記憶　114
調節　35
直観的志向　52
チョムスキー　55
ティーチングマシン　144
ティーム・ティーチング　160
適時期　9
適性処遇交互作用　154
デシ　130, 134
トールマン　109, 111
洞察学習　109
逃避訓練　102
動因　104

な

内言　56
内発的動機づけ　129
喃語　47
二語文　55
2次的動因　105
認知理論　109

は

ハーロウ　14, 127, 153
発見学習　147
発見法　147
発達加速現象　75
発達課題　25
発達曲線　11
発達障害　84
発達段階　20
発達の原理　7
発達の最近接領域　129
ハル　104
汎化　95, 102
反射　92
ハヴィガースト　24
バートレット　119
バズ学習　162
バンデューラ　122
パーテン　56
パブロフ　93
人見知り　44
ヒューリスティクス　151
ヒロト　132
微細運動　48
ビューラー　23
敏感期　14

ピアグループ　80
ピアジェ　22, 33
ファンツ　41
輻輳説　7
フロイト　29
部分強化　99
ブルーナー　10, 147
ブルーム　156
ブロス　71
分化　95
分散学習　116
分習法　158
分離不安　44
プログラム学習　142
弁別　101
包摂理論　146
保坂亨　80
保持　112
ホスピタリズム　15, 86
保存課題　52, 60
ホメオスタシス　104
ホワイト　127
本能行動　92
忘却曲線　116
ボウルビィ　45
ポーン　133
ポルトマン　6

ま

マーシャ　83
マーティン　58
マザリング　14
マターナル・デプリベーション　86
マッコービィ　58
3つ山の実験　53
ミラー　107, 115
無意味綴　116
無学年制　160
モデリング　66
モラール　161

モラトリアム　83
モレノ　164

や

野生児　15
有意味受容学習　145
誘発的微笑　44

ら

ライアン　130
ライフサイクル　30
リハーサル　114
リビドー　29
ルイス　50
レスポンデント条件づけ　93
レッパー　135
レディネス　9, 10
連続強化　99
ロックハート　117
ロレンツ　13, 85, 107

わ

ワトソン　9, 96

執筆者紹介

杉山　喜代子（すぎやま　きよこ）
　執筆担当：Ⅰ部1, 2
　お茶の水女子大学文教育学部卒業
　専修大学名誉教授

渡辺　千歳（わたなべ　ちとせ）
　執筆担当：Ⅱ部3, 4
　お茶の水女子大学大学院人間文化研究科修了
　國學院大學栃木短期大学教授

大熊　光穂（おおくま　みつほ）
　執筆担当：Ⅰ部3, 4
　お茶の水女子大学大学院人間文化研究科修了
　聖徳大学短期大学部講師

神原　直幸（かんばら　なおゆき）
　執筆担当：Ⅱ部1, 2
　早稲田大学大学院文学研究科修了
　順天堂大学准教授

発達と学習の心理学

2000年5月15日　第1版第1刷発行
2010年10月5日　第1版第8刷発行

編著者　杉山　喜代子
　　　　渡辺　千歳

発行者　田中　千津子
発行所　株式会社 学文社

〒153-0064　東京都目黒区下目黒3-6-1
電話　03（3715）1501代
FAX　03（3715）2012
http://www.gakubunsha.com

© K. Sugiyama/T. Watanabe 2000
乱丁・落丁の場合は本社でお取替えします。
定価は売上カード，カバーに表示。

印刷　シナノ印刷

ISBN 978-4-7620-0965-2

椎山喜代子・渡辺千歳著　**生徒を理解する**　──生徒指導・教育相談──　A5判 234頁　本体 2300円	生徒指導について教職を志す学生のために解説。生徒指導とは何かを知るための基礎や背景と，生徒各人の個性を理解するため，パーソナリティ理論，知能と学習，教育相談・カウンセリング等から説く。0913-X C3037
（明治大学）岸本　弘編著 （東京大学）柴田義松 **発　達　と　学　習**　A5判 200頁　本体 2000円	旧版『教育心理学』を新カリキュラムに準じ改訂した最新版。従来の教科書では心理学の理論からの応用としての解説が多いが，本書では，教育現場における実際的問題との関連を重視する。0352-2 C3037
（明治大学）岸本　弘著 **心の発達と心の病**　A5判 326頁　本体 4000円	心の病や障害の持つ意味を心理学的に解釈し，理解することは，現代の人間生活を考えるうえで，一層大切になっている。心の病にまつわる種々の迷信や旧来ある誤った考え方を問い直す時が来ている。0626-2 C3037
お茶の水女子大学　無藤　隆編著 東　京　大　学　市川伸一 **学校教育の心理学**　A5判 247頁　本体 2200円	現場の学校や授業の在り方に触れつつ，心理学的な研究を紹介，基礎的理論や研究成果の展開とともに，教科学習や学校運営，生徒指導や教育相談にも言及。気鋭の研究者12名による教育心理学の基本書。0778-1 C3337
中野良顯・古屋健治・岸本　弘編著 **学校カウンセリングと人間形成**　A5判 204頁　本体 2200円	「荒れる学校」に象徴される現代の教育問題に対し，カウンセリングはどう貢献できるか。学校・家庭・地域の連携に基づく「総合的人間形成支援システム」に裏打ちされた人間発達援助学の構築をめざす。0780-3 C3337
辻村英夫・又吉正治著 **カウンセリングと人間関係**　A5判 142頁　本体 1800円	日本の現状を踏まえ，カウンセリングの原理や技術を現実の生活に即し解説。諸外国の研究成果との整合性を図りつつも，あくまでも本格的に日本人的な思考法で人の心を理解できるような方法を提案。0617-3 C3037
岩内亮一・萩原元昭編著 深谷昌志・本吉修二 **教育学用語辞典**〔第三版〕　四六判 318頁　本体 2400円	中項目中心に基本用語を精選，事項約770項目，人名約100項目を収録，各項目とも問題発見的発展的な執筆方針をとっている。教職志望の学生はもちろん研究者から現場の教師まで役立つハンディ辞典。0587-8 C3037
岸本　弘・柴田義松・渡部　洋編 無藤　隆・山本政人 **教育心理学用語辞典**　四六判 310頁　本体 2500円	教育心理学の全分野をカバーし，新しい研究分野や用語もできるかぎりもれなく収載。事項約1000，人名約50を収録し，約80名の執筆陣により，各項目について簡潔に解説。手軽に利用できるハンディ辞典。0534-7 C3037